中国文化知识读本

中国上下五千年简史全知道

刘申丽 编著

郑州大学出版社
郑州

图书在版编目(CIP)数据

中国上下五千年简史全知道/刘申丽编著.—郑州：郑州大学出版社,2016.10
(中国文化知识读本)
ISBN 978-7-5645-2955-0

Ⅰ.①中… Ⅱ.①刘… Ⅲ.①中国历史—通俗读物 Ⅳ.①K209

中国版本图书馆CIP数据核字(2016)第054160号

郑州大学出版社出版发行
郑州市大学路40号　　　　　　　邮政编码：450052
出版人：张功员　　　　　　　　发行部电话：0371-66658405
全国新华书店经销
北京柯蓝博泰印务有限公司印制
开本：660mm×940mm　1/16
印张：10
字数：151千字
版次：2016年10月第1版　　　　印次：2016年10月第1次印刷

书号：ISBN 978-7-5645-2955-0　　定价：28.00元
本书如有印装质量问题，请向本社调换

前言

中国有着源远流长的历史文化。按照传统的说法，从传说中的黄帝时代至今，中国已有四千多年的历史，因此把这段历史通称为"上下五千年"。五千年，祖国历经沧海桑田，文化一脉相承，不曾断绝。

历史是文化的灵魂。人类创造历史，历史也影响着人类。唐太宗李世民曾说："以史为鉴，可以知兴替。"新中国正是因为继承了祖宗先辈们的历史经验，从中提炼出精华的文化，同时通过自己的实践改变了旧的环境，才能摆脱近代百年的耻辱，重新屹立在世界的东方。

五千年的历史文化是全体中国人民共同创造的精神财富，是中华民族智慧的结晶，同时也是团结和凝聚各族人民的精神纽带。正因如此，每个人都应该读历史、懂历史，从历史发展的规律中获得前进的动力，规避潜在的风险，树立切实可行的目标。

历史并不晦涩。想象一下吧，五千年的历史沧桑、朝代更迭、物换星移，涌现出多少叱咤风云的历史人物和惊天动地的历史事件？从人文始祖到三皇五帝，从秦皇汉武到唐宗宋祖，悠悠历史千载事，说不尽，道不完。

本书按时间线梳理了中华民族的发展历史，科学、严谨地罗列和阐述了中国历史上对后世影响至深的人和事。按照传统的划分方法，中国历史的发展阶段几乎都是以中央王朝的盛衰兴替为标志，形成所谓"王朝体

系"。本书共计七章，上至上古，下至中华人民共和国，将中国历史发展演变过程有针对性地进行了编辑，力求为读者送上一份历史盛宴。

为了让读者拥有更好的阅读体验，编者以时间为经，以事件和人物为纬，穿针引线，纵横交织，从盘古开天辟地的传说开始，将中华上下五千年历史文化的精髓一一展现。书中既有翔实的历史片断，又有弥足珍贵的图片，加之细腻的笔法、严谨的语言和亲切的文风，清晰勾勒出历史事件的来龙去脉和历史人物的真伪善恶，也使得此书成为名副其实的掌上历史博物馆。

历史见证着一个国家的成长。我们希望，读者可以通过本书增加对祖国的认识，更好地把握今天，创造明天。

当你静下心来翻阅本书，就会发现自己置身于历史长河之中，世事和英雄一起在这条长河中奔腾向前：从传说中的黄帝大战蚩尤，到秦始皇统一中国，再到民主制取代封建帝制，中华民族历经磨难，生生不息发展到今天……但不管岁月怎样流逝，那镌刻于历史长卷中的重大事件和历史人物，都是值得我们铭记的。

编者
2016.6.15

目 录

第一章　先秦时代与秦朝

我国最早的人类 …………… 02	春秋战国 ………………… 07
夏、商、周更替 …………… 04	百家争鸣 ………………… 10
西周井田制度 ……………… 06	建立秦朝 ………………… 15

第二章　汉朝

西汉 ………………………… 18	三国 ……………………… 20
东汉 ………………………… 19	十六国 …………………… 21

第三章　隋唐和五代十国

隋朝的建立与灭亡 ………… 24	宦官、朋党与农民战争 …… 31
唐朝的建立与发展 ………… 25	五代十国 ………………… 32
安史之乱与藩镇割据 ……… 27	

第四章　宋元时代

- 陈桥兵变建北宋 …………………… 34
- 北宋中期的社会危机和改革 ……… 35
- 辽、西夏的建立与宋辽、宋夏的和战 36
- 元朝时代 …………………………… 38

第五章　明清时代

- 靖难之役 …………………………… 42
- 郑和下西洋 ………………………… 45
- 瓦剌南侵与土木堡之变 …………… 49
- 宁远之战 …………………………… 51
- 清朝的建立 ………………………… 54
- 康乾盛世 …………………………… 56
- 鸦片战争 …………………………… 56
- 第二次鸦片战争 …………………… 60
- 洋务运动 …………………………… 64
- 戊戌变法 …………………………… 69
- 八国联军侵华及清朝的覆灭 ……… 72

第六章　中国近现代史（一）

- 中国同盟会成立 …………………… 78
- 武昌起义 …………………………… 80
- 辛亥南北议和 ……………………… 82
- "中华民国"的建立 ………………… 85
- 袁世凯窃取革命果实 ……………… 88
- 二次革命 …………………………… 90
- 袁世凯复辟帝制 …………………… 91
- 护国运动 …………………………… 93
- 张勋复辟 …………………………… 95
- 护法战争 …………………………… 96
- 新文化运动 ………………………… 98

第七章　中国近现代史（二）

五四运动 …………………… 102	遵义会议 …………………… 126
中国共产党的成立 …………… 104	"一二·九"运动 …………… 127
革命统一战线的建立 ………… 107	西安事变 …………………… 129
五卅运动 …………………… 109	第二次国共合作 …………… 132
省港大罢工 ………………… 111	七七事变 …………………… 133
北伐战争 …………………… 112	南京大屠杀 ………………… 135
"四·一二"反革命政变 …… 115	皖南事变 …………………… 136
"八一"南昌起义 …………… 117	中国共产党的整风运动 …… 138
红军反"围剿"战争 ………… 118	抗日战争的最后胜利 ……… 140
"九一八"事变 ……………… 120	重庆谈判 …………………… 142
红军万里长征 ……………… 122	

中国历史朝代公元纪年对照表 ………………………………………… 145

附录：大事表 …………………………………………………………… 147

先秦时代与秦朝

我国最早的人类

人类究竟从何而来？历史上并没有确切的文字记载。民间流传着女娲造人、盘古开天辟地等传说。但神话毕竟只是神话。考古发现，大约在距今两三百万年前，地球上出现了古人类。我国是古人类的发祥地之一，并且是世界上发现早期人类化石和遗址最丰富的国家之一。云南发现的元谋人，距今大约有170万年历史；陕西的蓝田人，距今大约有80万年历史；而发现于北京西南周口店龙骨山的北京人，距今大约有70至20万年的历史。

元谋人和北京人以采集和狩猎为生。因为自然环境险恶，他们共同劳动，群居生活，并学会了制造石器，使用火，这就构成了最早的人类社会。人类进入旧石器时代（距今约250万年前开始，延续到距今1万年左右，是以使用打制石器为标志的人类物质文化发展阶段），原始社会便开始了。

就这样过了几十万年，在距今约18000千年，在北京周口店龙骨山的山顶洞穴，发现了另一种原始人的遗迹——山顶洞人。山顶洞人处于旧石器时代晚期，此时，他们的劳动工具有了很大的改进，他们不但能够把石头砸成石斧、石锤，而且还能把野兽的骨头磨制成骨针。有了骨针，人们可以把兽皮缝成衣服，不再像北京猿人时期那样赤身裸体。

山顶洞人过的也是群居生活。但他们的群居生活已经按照血统关系固定下来。一个集体

新石器时代工具

的成员都有着共同的祖先,也就是同一氏族的人。渐渐地,人类社会就进入了氏族公社时期。

大约18000年前,人类进入新石器时代,这是以使用磨制石器为标志的人类物质文化发展阶段。中国新石器时代的主要特征是早期陶器、彩陶、玉器、卜骨和石器等的出现。

约公元前5000年至公元前3000年,在我国长江流域和黄河流域分别出现了河姆渡文化和半坡文化,这两处的居民已经普遍使用磨制工具,进入新石器时代,也是母系氏族的繁荣阶段。这一时期的人们过着定居的生活,进入了原始农耕时期。河姆渡人已经开始种植水稻,半坡人则学会了种植粟、蔬菜和麻,这是世界上最早培植水稻的地方。此外,半坡人已经学会制造有图案花纹的陶器,被称为彩陶。

距今约四五千年,我国部分地区进入了父系氏族公社时期。这一时期经济有所发展,生产工具也更加进步。骨器、石器、陶器种类繁多。陶器分黑陶和白陶,黑陶光亮,白陶明艳。此时,玉器生产已经有抛光、雕刻等技术,人们还学会了养蚕缫丝,织布纺衣。我国是世界上最早发明养蚕和丝织技术的国家。

在距今大约4000年以前,我国黄河、长江流域一带居住着许多氏族和部落。其中最强大的是以黄帝和炎帝为首领的两个部落。东方的蚩尤部落是九黎族的首领,经常侵扰别的部落。有一次,蚩尤侵占了炎帝的地盘,炎帝和黄帝联手,在涿鹿之野大败蚩尤。此后,炎黄部落逐渐融合了黄河、长江两河流域的各氏族部落,共同发展农业生产,定居下来。各个氏族部落交错而居,相互通婚,形成了共同

涿鹿之战

的文化。经过长期的生息、繁衍，形成了华夏民族的主体。因此，后来的中华儿女都称自己是"炎黄"子孙。

尧、舜、禹是黄帝以后黄河流域的部落联盟首领。值得一提的是，当时的部落联盟实行各部落首领推选联盟首领的制度，即禅让制。尧舜禹时代是我国从原始社会向奴隶社会过渡的时期，氏族和部落的首领是早期的贵族和奴隶主，贫苦氏族成员和一些战俘则沦为奴隶。阶级的形成使禅让制再也不能继续下去，人类即将进入奴隶社会。

夏、商、周更替

约公元前2070年，禹建立夏朝，这是我国第一个奴隶制王朝。禹死后，他的儿子启继承了王位，王位世袭制代替了禅让制。

启继位后，划天下为"九州"，并建立武装，设置官职、监狱，制定刑法。从此，真正意义上的国家诞生了。

夏朝的最后一个君王叫夏桀，是历史上有名的暴君。夏桀文武全才，然而性格暴虐，穷奢极欲，屠杀像割草一样随意，并且赋敛无度，民不聊生。民众恨透了夏桀，人人声讨夏桀，纷纷造反，夏王朝内部阶级矛盾很尖锐。

约公元前1600年，黄河下游的商部落在其首领汤的率领下，讨伐夏桀。

汤之举顺应天命、民心，很快大败夏桀。之后汤返回亳都，建立起了我国历史上第二个世袭王朝——商朝。商汤

商 汤

是一个有作为的君主，在他的领导下，商王朝的统治得到了巩固，也使得华夏文明有了更大的发展。由于商王朝的农业生产方式较为落后，无法在一个地方长期居住下去。商汤传十代至盘庚，中间共有五次迁都。从第六代商王中丁到第十代阳甲，商王朝的内部出现了严重的争夺王位的内乱，统治力逐渐衰落。同时王室生活日益腐化，贵族也沉湎于享乐，无所作为。

盘庚即位后，想改变奢侈的恶习，借以缓和日益激烈的阶级矛盾，于是决定迁都至殷。迁殷后，无论在政治、经济还是文化方面，商王朝都有了进一步的发展。

《史记》中记载："武丁修政行德，商道复兴。"武丁在位的五十余年间，商王朝达到了鼎盛时期，史称"武丁中兴"。武丁死后，商王朝的鼎盛未能延续下去，由于统治者的奢侈和无能，使得商王朝再度衰落了。

商代末年，国势衰弱，社会矛盾尖锐。商朝最后一个王，纣王，性情残暴，穷奢极欲，并制定"人祭"和"人殉"制度，使得自大臣到百姓皆人人自危。商朝西部属国的西伯侯姬昌，因为反对纣王而被囚禁，出狱后，他下决心要推翻商朝的统治。于是首先请得军事家姜尚（即姜太公）为军师，积极练兵备战，又兼并了邻近的几个诸侯小国，势力逐渐强大起来。接着，又将都城东迁至丰邑（今陕西省户县附近），准备向东进军。可是，迁都不久西伯侯姬昌就逝世了。其子姬发承先父遗志，讨伐纣王，史称"武王伐纣"。公元前1046年，双方战于牧野，纣王民心尽失，军队临时倒戈，引导武王军队入商都，纣王自焚，商朝灭亡。武王建立周朝，都城镐京，史称西周。

西周夷王后，其子厉王继位，即周朝第十代君王。周厉王时期，社会矛盾日益尖锐。在当时的社会中有"国人"和"野人"之分。"国人"是指居住在城市里的和城郊的人，不包括奴隶主的平民、手工业者和商人。他们中大多数是周部族的基层群众。"野人"是居住在都邑之外的被统治的异族或奴隶。

厉王是周朝一个著名的暴君，他行事专断、生性贪婪，醉心于各种横征暴敛的手段。公元前841年，国人终于拿起武器，反抗厉王的统治，厉王仓皇逃到外地，死在异乡。这是我国史书记载中的第一次民众暴动，这次暴动使西周的统治基础发生了动摇。

公元前781年，周幽王宫涅继承王位。此时诸侯不来朝贡，战争不断，王室衰微。公元前771年，西方民族犬戎趁着周朝内乱攻破镐京，杀死幽王，西周灭亡。公元前770年，周平王迁都洛邑，史称东周。

西周井田制度

"井田制度"一词是自战国以来，人们对西周时期所行土地制度的通用名称，历代各家学者的解释不尽相同。我们认为它的含义有二：其一是"井"字像田地的形状。田地中有阡、陌、沟、渠，划分田地为若干方块，来源于夏商；其二是西周的封建领主制剥削方式。这种剥削方式的基础，即土地所有权的分配，是天子有所有权，诸侯、卿大夫、士等各级贵族有占有权和使用权，庶人（农奴）无土地，只有耕作的义务。具体剥削方式，是贵族们将田地分为两类，一类为贵族自留田，名"公田"，由所属农奴们集体无偿代耕，就是劳役地租。另一类大致以百亩为单位分给农奴各家耕种，收获物归农奴所有。孟子将这一剥削形式设想为："方里而井，井九百亩，其中为公田，八家皆私百亩，同养公田。公事毕然后敢治私事。"当然各贵族对公田、私田的划分或分布，因地因人而异，不一定如此整齐划一，孟子也说"此其大略"。古人把这种劳动产品再分配的方式"雅化"为"公食贡，大夫食邑，士食田，庶人食力"。公即诸侯。在井田制度下，土地不许买卖。

分封制是西周分封诸侯的制度。周王将土地和人民授予王族、功臣和

一些现代贵族，让他们建立诸侯国，保卫王室。各诸侯国要服从周王的一切命令，向周王纳贡，并随从作战。早期的诸侯国有齐、鲁、燕等。早期的分封制巩固了周朝统治。

夏、商、西周时期，农作物品种、耕作技术、农田水利方面较原始社会有长足的发展。商朝的畜牧业发达，家畜用于食用、拉车或者祭祀。夏朝时，开始铸造青铜器，商朝达到鼎盛，因此夏、商、周又被称为"青铜时代"。

商、周的玉器、陶瓷和纺织业也有了很大发展。玉器精美，数量庞大；纺织业出现了刺绣，商周时出现了原始陶瓷。此外，商朝的漆器制造也达到一定水平，随处可见用漆装饰的马车。

夏朝交通较为便利，车、船、橇一应俱全。商朝国如其名，擅长经商，因此后世将经商之人称为"商人"。商朝以贝壳为货币，商业繁荣。周朝交通更为便利，并建立了邮驿传递制度。三朝的都城是全国的政治中心和交通中心。

春秋战国

春秋战国时期是从周平王东迁洛邑（周平王元年，即公元前770年）到秦统一六国（秦王政二十六年，即公元前221年）。这段时期，历史又称"东周"，东周可分为两大阶段。其中前一阶段称"春秋时代"，一般界定为从周平王元年（前770年）至周敬王四十四年（前476年）；后一阶段称"战国时代"，一般界定为从周元王元年（前475年）至秦王政二十六年（前221年）。

周平王，名宜臼，是周幽王太子，申后所生，公元前770年至公元前720年在位。由于镐京（今西安附近）残破，又处于犬戎威胁之下，周平王于公元前770年,在郑、秦、晋等诸侯的护卫下,迁都洛邑,史称东周。这就是历史上著名的"平王东迁"。

平王东迁后,王室一落千丈。天子直辖的"王畿"在戎狄不断地蚕食下,控制范围逐步缩小了,最后,仅剩下成周方圆200公里,即今洛阳附近的地盘。同时,天子控制诸侯的权力和直接拥有的军事力量,也日渐丧失。但天子以"共主"的名义,仍然具有号召力。因此,一些随着地方经济发展而逐步强大的诸侯国,就利用王室这个旗号,"挟天子以令诸侯",积极发展自己的势力。

公元前681年,齐桓公任管仲为相,改革政治、经济、军事,重视鱼盐经济,不断增强国力,使齐国渐渐强大起来。而后,齐国打着"尊王攘夷"口号,联合黄河中游的诸侯国,北御夷狄,南制楚蛮。公元前7世纪中,齐桓公葵丘会盟,成为霸主。周王室派代表参加,承认其霸主地位。齐桓公成了春秋时期的第一位霸主。

齐桓公死后,齐国渐渐衰落。晋文公和楚庄王先后称霸,掠夺一些小的诸侯国。公元前7世纪,经过城濮之战,晋国大败楚国,晋文公成为中原霸主。前6世纪初期,楚国大败晋国,楚庄王称霸中原。

春秋晚期,位于长江下游的吴国和钱塘江流域的越国先后在南方称霸,成为春秋后期的最后两位霸主。

从公元前475年起,到公元前221年止,称为战国时代。此阶段各诸侯国连年发生

齐桓公

战争。

公元前403年，韩、赵、魏三家分晋，齐国大夫田氏废除姜氏而为诸侯，于是形成战国时期七雄争霸的局面。战国时代的形势是：楚在南，赵在北，燕在东北，齐在东，秦在西，韩、魏在中间。在这七个大国中，沿黄河流域从西到东的三个大国——秦、魏、齐在前期具有左右局势的力量。

从魏文侯开始至公元前四世纪中叶，是魏国独霸中原的时期。魏的强大，引起韩、赵、秦等国的疑虑，它们之间摩擦不断。公元前354年，赵国攻卫，魏视卫为自己的属国，于是出兵攻打赵都邯郸。赵向齐求援，齐派田忌救赵，用孙膑之计，袭击魏都大梁。时魏军虽已攻下邯郸，不得不撤军回救本国，在桂陵被齐军打败。次年，魏、韩联合，又打败齐军。公元前342年魏攻韩，韩向齐求救，齐仍派田忌为将，任孙膑为军师，设计将魏军诱入马陵埋伏圈，齐军万箭齐发，魏国大将庞涓自杀，魏太子申被俘。这就是著名的马陵之战。由此造成了齐、魏在东方的均势。

秦国自商鞅变法后，一跃成为七国中实力最强的国家，于是向东扩展势力。先是打败了三晋，割取魏在河西的全部土地；后又向西、南、北扩充疆土，到公元前四世纪末，其疆土之大与楚国接近。

在秦与三晋争斗之时，齐国在东方发展势力。公元前315年，齐国利用燕王哙将王位"禅让"给相国子之而引起的内乱，一度攻下燕国。后因燕人激烈反抗，齐军才从燕国撤出。当时能与秦国抗争的唯有齐国，斗争的焦点则集中在争取楚国。

楚国的改革不彻底，国力不强，但它幅员广大，人口众多。楚结齐抗秦，使秦国的发展大受影响。于是秦派张仪入楚，劝楚绝齐从秦，许以商于之地六百里为代价。楚怀王贪图便宜，遂与齐国分裂。当楚国派人去要地时，秦相张仪却狡辩称"只有六里"。楚怀王兴兵伐秦，却大败而回。楚国势孤力弱，秦便东向进图中原。先是与韩、魏争斗，后与齐国争斗。公元前286年，齐灭宋，使各国感到不安。秦国便联合韩、赵、魏、燕共同伐齐，大败齐军。燕国以乐毅为将，趁势攻下齐都临淄，攻占七十余

城。齐王逃至国外，为楚将所杀。齐国的强国地位从此一去不返。由此，秦国开始向东大发展。

春秋战国时期，除七雄之外，周边还有许多其他民族，北有匈奴、东胡、西有犬戎。频繁的战争和经济文化交流，使各民族不断融合，为秦建立统一的多民族国家奠定了基础。

百家争鸣

百家争鸣是指春秋战国时期知识分子中不同学派的涌现及各流派争芳斗艳的局面。《汉书·艺文志》将战国主要思想学派分为——儒、墨、道、法、阴阳、名、纵横、杂、兵、农、小说。西汉人刘歆在《七略·诸子略》中将小说家去掉，称为"九流"，俗称"三教九流"就是从这里来的。

百家：原指先秦时代各种思想流派，后指各种政治、学术派别；鸣：发表见解。

春秋战国时代，社会处于大变革时期，产生了各种思想流派，如儒、法、道、墨等，他们著书讲学，互相论战，出现了学术上的繁荣景象，后世称为百家争鸣。

儒家

代表人物：孔子、孟子、荀子。

作品：《论语》《孟子》《荀子》

主张：儒家是战国时期重要的思想学派之一，它以春秋时孔子为师，以六艺为法，崇尚"礼乐"和"仁义"，提倡"忠恕"和"中庸"之道，主张"德治"和"仁政"，重视道德伦理教育和人的自身修养的一个学术派别。

儒家强调教育的功能,认为重教化、轻刑罚是国家安定、人民富裕幸福的必由之路。主张"有教无类",对统治者和被统治者都应该进行教育,使全国上下都成为道德高尚的人。

在政治上,儒家主张以礼治国,以德服人,呼吁恢复"周礼",并认为"周礼"是实现理想政治的理想大道。至战国时,儒家分有八派,重要的有孟子和荀子两派。

道家

代表人物:老子、庄子、杨朱。

作品:《道德经》《庄子》

主张:道家是战国时期重要学派之一,又称"道德家"。这一学派以春秋末年老子关于"道"的学说作为理论基础,以"道"说明宇宙万物的本质、本源、构成和变化。道家认为天道无为,万物自然化生,否认上帝鬼神主宰一切,主张道法自然、顺其自然,提倡清静无为、守雌守柔、以柔克刚。政治理想是"小国寡民""无为而治"。老子以后,道家内部分化为不同派别,著名的有四大派:庄子学派、杨朱学派、宋尹学派和黄老学派。

墨家

代表人物:墨子

作品:《墨子》

主张:墨家是战国时期重要学派之一,创始人为墨翟。这一学派以"兼相爱,交相利"作为学说的基础:兼,视人如己;兼爱,即爱人如己。"天下兼相爱",就可达到"交相利"的目的。政治上主张尚贤、尚同和非攻;经济上主张强本节用;思想上提出尊天事鬼。同时,又提出"非命"的主张,强调靠自身的强力从事。

墨家有严密的组织,成员多来自社会下层,相传皆能赴火蹈刀,以自

苦励志。其徒属从事谈辩者，称"墨辩"；从事武侠者，称"墨侠"；领袖称"巨（钜）子"。其纪律严明，相传"墨者之法，杀人者死，伤人者刑"《吕氏春秋·去私》。墨翟死后，分裂为三派，至战国后期，汇合成二支：一支注重认识论、逻辑学、数学、光学、力学等学科的研究，是谓"墨家后学"（亦称"后期墨家"），另一支则转化为秦汉社会的游侠。

法家

代表人物：韩非、李斯、商鞅。

作品：《韩非子》《商君书》《管子》

主张：法家是战国时期的重要学派之一，因主张以法治国，"不别亲疏，不殊贵贱，一断于法"，故称之为法家。春秋时期，管仲、子产即是法家的先驱。战国初期，李悝、商鞅、申不害、慎到等开创了法家学派。至战国末期，韩非综合商鞅的"法"、慎到的"势"和申不害的"术"，以集法家思想学说之大成。

这一学派经济上主张废井田，重农抑商，奖励耕战；政治上主张废分封，设郡县，君主专制，仗势用术，以严刑峻法进行统治；思想和教育方面，则主张禁断诸子百家学说，以法为教，以吏为师。其学说为君主专制的大一统王朝的建立，提供了理论根据和行动方略。《汉书·艺文志》著录法家著作有217篇，今存近半，其中最重要的是《商君书》和《韩非子》。

兵家

代表人物：孙武、孙膑

作品：《孙子兵法》《孙膑兵法》

主张：兵家是战国时期的重要学派之一，主要是在军事方面大有成就，"知己知彼，百战不殆"等军事名言都出自兵家，代表作有《孙子兵法》《孙膑兵法》，当今社会也深受其影响，在国内外都享有盛名。

名家

代表人物：邓析、惠施、公孙龙、桓团。

作品：《公孙龙子》

主张：名家是战国时期的重要学派之一，因从事论辩名（名称、概念）实（事实、实在）为主要学术活动而被后人称为名家。当时人则称为"辩者""察士"或"刑（形）名家"。代表人物为惠施和公孙龙。

阴阳家

代表人物：邹衍

主张：阴阳家是战国时期重要学派之一，因提倡阴阳五行学说，并用它解释社会人事而得名。这一学派，当源于上古执掌天文历数的统治阶层，代表人物为战国时齐人邹衍。

阴阳学说认为阴阳是事物本身具有的正反两种对立和转化的力量，可用以说明事物发展变化的规律。五行学说认为万物皆由木、火、土、金、水五种元素组成，其间有相生和相胜（剋）两大定律，可用以说明宇宙万物的起源和变化。邹衍综合二者，根据五行相生相胜说，把五行的属性释为"五德"，创"五德终始说"，并以之作为历代王朝兴废的规律，为新兴的大一统王朝的建立提供理论根据。《汉书·艺文志》著录此派著作21种，已全部散佚。成于战国后期的《礼记·月令》，有人说是阴阳家的作品。《管子》中有些篇亦属阴阳家之作，《吕氏春秋·应同》《淮南子·齐俗训》《史记·秦始皇本纪》中保留一些阴阳家的材料。

纵横家

代表人物：鬼谷子、苏秦、张仪。

作品：《战国策》《鬼谷经》

主张：纵横家是战国时以纵横捭阖之策游说诸侯，从事政治、外交活动的谋士。列为诸子百家之一。主要代表人物是苏秦、张仪等。

战国时南与北合为纵，西与东连为横，苏秦力主燕、赵、韩、魏、齐、楚合纵以拒秦，张仪则力破合纵，连横六国分别事秦，纵横家由此得名。他们的活动对于战国时政治、军事格局的变化有重要的影响。《战国策》对其活动有大量记载。据《汉书·艺文志》记载，纵横家曾有著作"十六家百七篇"。

杂家

代表人物：吕不韦

作品：《吕氏春秋》

主张：杂家是战国末期的综合学派。因"兼儒墨、合名法""于百家之道无不贯综"（《汉书·艺文志》及颜师古注）而得名。秦相吕不韦聚集门客编著的《吕氏春秋》，是一部典型的杂家著作集。

农家

代表人物：许行

主张：农家是战国时期重要学派之一。因注重农业生产而得名。此派出自上古管理农业生产的官吏。他们认为农业是衣食之本，应放在一切工作的首位。《孟子·滕文公上》记有许行其人，"为神农之言"，提出贤者应"与民并耕而食，饔飧而治"，表现了农家的社会政治理想。此派对农业生产技术和经验也注意记录和总结。《吕氏春秋》中的"上农""任地""辩土""审时"等篇，被认为是研究先秦农家的重要资料。

小说家

代表人物：虞初

作品：《虞初周说》

主张：小说家，先秦诸子百家之一，乃采集民间传说议论，借以考察民情风俗。《汉书·艺文志》云："小说家者流，盖出于稗官。街谈巷语，道听涂说者之所造也。"

建立秦朝

秦王嬴政掌权后，网罗各方人才，合纵连横，于公元前230年至221年先后灭掉东方六国，统一越族地区，击退匈奴，取得河套之地，修筑万里长城。公元前221年，秦朝疆域东临东海，西到陇西，南达南海，北抵长城，形成中国历史上幅员空前辽阔的统一的多民族国家。

公元前221年，秦王嬴政以咸阳为都城，建立了我国历史上第一个统一的中央集权封建制国家。为加强中央集权，嬴政采取了一系列措施。

政治上，嬴政首先确立了皇权至高无上的地位。他认为自己"德兼三皇，功过五帝"，自称"始皇帝"。其次，建立从中央到地方的官制和行政机构。在中央，设置丞相、御史大夫、太尉。丞相负责帮皇帝处理政事；御史大夫执掌奏章，颁布皇帝诏令，兼理监察事物；太尉负责军事。在地方，废除分封制，实行郡县制。郡县制于分封制最大的不同是：郡守、县令和县长由皇帝直接任免，不得世袭。郡县制使君主有效地加强了中央集权，有利于政治的安定和经济的发展。再次，始皇统一律法，颁布通行全国的秦律。

经济上，实行土地私有，按亩纳税。统一度量衡和货币。统一车轨，修建驰道。

文化上，以小篆为标准字体，书同文；焚书坑儒，进行思想控制；以法为教，以

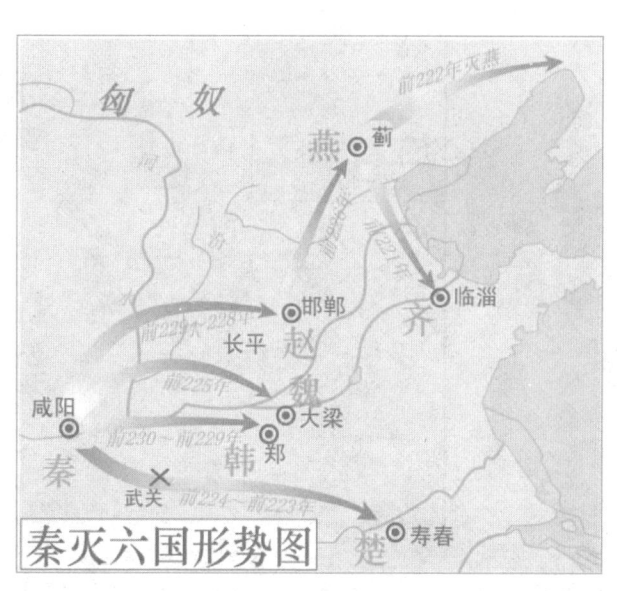

秦灭六国形势图

吏为师,严禁私学,实行愚民之策。

这些措施大大加强了中央集权,有利于封建经济发展,初步奠定祖国疆域,巩固了国家统一。但加强了封建地主阶级的统治力度,让人民的处境越发恶劣。

土木大兴,徭役繁重,施行严刑酷法和沉重赋税,秦二世即位以后,秦朝的政治达到了极其黑暗的程度,人民已无法生活下去,只好铤而走险。农民大起义终于爆发了。公元前209年,陈胜、吴广以"伐无道,诛暴君"为名,率领900多戍卒在大泽乡发动起义,这是中国历史上第一次大规模的农民起义。起义后不久,在陈建立了张楚政权。随后,陈胜、吴广先后被杀害。由刘邦、项羽领导的起义军继续反秦斗争。

不久,赵高杀死秦二世,立子婴为王。公元前206年,刘邦兵至咸阳附近,子婴投降,秦朝灭亡。

秦末民变形势图

汉　朝

西汉

在秦末农民大起义过程中,陈胜牺牲后,刘邦集团和项羽集团成为反秦武装的两支主力军。秦二世三年(公元前207),刘邦、项羽相继率兵入关,推翻秦王朝。按照原来楚怀王的约言"先入定关中者王之",刘邦先入咸阳,理应在关中称王,但项羽自恃功高,企图独霸天下。此后,刘邦与项羽前后进行了四年争夺统治权的战争,史称"楚汉之争"。

项羽其人刚愎自用,烧杀抢掠,大失民心,而刘邦则顺应天下大事,广聚人心。公元前202年,项羽被围于垓下,四面楚歌,终自刎而死。楚汉战争最后以刘邦夺取天下,建立汉王朝而告终。同年,刘邦称帝,定都长安,史称西汉,刘邦庙号汉高祖。

刘邦即位后,吸取秦朝灭亡的教训,一面铲除异姓诸侯,稳定局面,一面减轻徭役,慎用重刑。此外,他还推行重农抑商的政策,从各方面调动农民的生产积极性。

汉文帝和汉景帝在位时,实行休养生息的政策,他们重视农业生产,屡次减免赋税徭役,开放山林川泽,鼓励农民进行副业生产,活跃商场;改革法律,废除株连之法;厉行节俭,杜绝奢靡。这让社会经济逐渐恢复和发展,史称"文景之治"。

汉武帝时期,西汉国库充盈,国家实力雄厚。但是,土地兼并、商贾膨胀、边境不宁等问题也非常严重。汉武帝于是实行了一系列措施,以实现封建大一统。

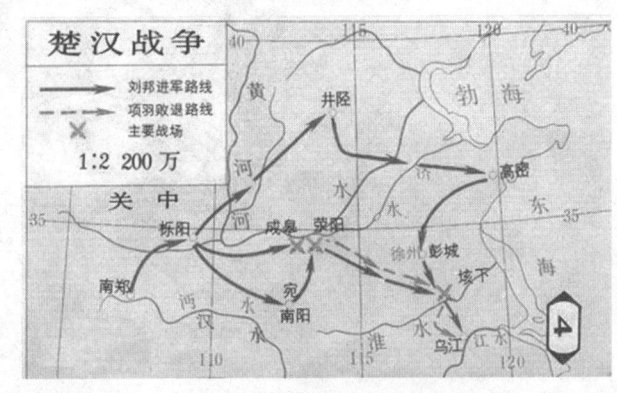

楚汉之争

政治上，改革官制，组内阁和外朝，加强皇权；选拔人才，重视官吏的任用考核，实行刺史制度，加强对地方官员的监察；削弱王国势力，加强中央集权；完善法制，打击地主豪强，维护社会秩序。

军事上，北击匈奴，进军南越。

经济上，改革币制，铸造五铢钱，作为全国通行的法定货币；盐铁官营；平抑物价，征收工商业者营业税和财产税。

思想上，采用董仲舒的建议，"罢黜百家，独尊儒术"，尊儒尚法；建立中央太学和地方郡国学两级官学，确立中国封建官学制度。

汉武帝时期，专制主义中央集权空前加强，西汉统治达到鼎盛。

西汉末年，外戚与宦官专权，政局混乱，国家权力削弱。公元9年，外戚王莽篡位，改国号为新，西汉灭亡。

东汉

公元25年，汉宗室子弟刘秀称帝，沿用汉的国号，定都洛阳，史称东汉。东汉初年，民生凋敝，社会动荡，刘秀以柔治天下，实行安抚政策。政治上，优待开国武将，但限制实权；重用贤才文臣，加强监察制度。经济上，禁止残害奴婢；恢复西汉三十税一的田租制度，鼓励流民返乡种田，裁并地方官衙，削减官吏等。如此，社会安定，经济恢复，史称"光武中兴"。

然而，东汉时豪强地主把持中央到地方的政权，皇帝大都年龄较小，外戚与宦官也轮番把控朝政，使得东汉政治一片黑暗。东汉末年，土地兼并严重，上层统治腐朽不堪。皇帝大兴土木，广选宫女，大肆搜刮百姓，民不聊生。

公元184年，张角巨鹿起义，起义军称"黄巾军"。黄巾军烧官府、

打豪强，但东汉政府调集大量军队镇压。黄巾军主力虽然英勇战斗，最终被镇压下去。但东汉已是名存实亡。在镇压黄巾军的过程中，东汉一些豪强积蓄力量，形成大大小小的割据势力，相互攻伐。袁绍、曹操即是其中两位。公元200年，曹袁在官渡决战，争夺对黄河中下游的统治权，以曹操获胜结束。

三国

官渡之战中，刘备投奔荆州牧刘表，并三顾茅庐，请谋士诸葛亮出山相助，成为群雄逐鹿中的一支重要力量。

曹操大败袁绍后，向南征伐，开始顺利占领荆州的一些地方。但在赤壁之战中，曹操数十万大军惨败给孙刘联军，退居北方，后向西北扩大统治区域。刘备出兵入蜀，攻克益州，控制西南部分地区。孙权占领岭南地区，向东南扩大统治范围。公元220年，曹丕废除汉献帝，在洛阳称帝建魏。东汉灭亡。此后，刘备与孙权先后称王，魏蜀吴三国鼎立的局面正式形成。

曹　操

公元266年，司马懿之孙司马炎废魏称帝，建立晋朝，史称西晋，司马炎即晋武帝。公元280年，晋武帝灭吴，统一南北。晋武帝死后，其继承人昏庸无度，国内动乱频繁。公元311年，匈奴贵族与羯族联合攻陷洛阳，俘虏晋怀帝，史称"永嘉之乱"。公元316年，匈奴贵族攻破长安，俘虏晋愍帝，西晋灭亡。

公元317年，西晋皇室司马睿在江南建立晋朝，史称东晋，以建康为

蜀主 刘备

都城。司马睿称晋元帝。东晋初期，统治者为立足江南地区，抵御北匈、鲜卑，一面加强内部团结，一面休养生息，达到较好的效果，江南一片户口殷实的景象。由于生活舒适安逸，皇帝和士族都不太愿意北返，偏安于东南一隅。

东晋后期，土地兼并严重，赋税沉重。统治者为解决地方的割据势力，大量征兵，导致农民起义，东晋名存实亡。公元420年，掌握实权的东晋大将刘裕，废除晋帝，自立为王，东晋彻底灭亡。

在公元420年到公元589年的这170年中，南部政权频繁更换，先后经历宋、齐、梁、陈四个王朝。此四王朝都以建康为都城，史称"南朝"。

刘裕灭晋后，建宋，史称宋武帝。称帝后，他一改东晋弊政，整顿赋税徭役制度，使宋朝进入南朝国力最强盛的时期。

陈朝末年，陈后主不思治理，田园荒芜，赋税沉重，饿殍遍野。公元589年，陈朝灭亡。

十六国

东晋时期，在我国北方和巴蜀先后出现过十几个封建割据政权，史称"十六国"。此后，公元439~公元581年，就在与南朝同一时期，北方先后出现少数民族建立的北魏、东魏、西魏、北齐和北周五大政权，史称北朝。南朝与北朝南北对峙，合称南北朝。

十六国后期，鲜卑拓跋氏建立的北魏强大起来。公元439年，北魏统一黄河流域，与南朝对峙。5世纪中期，北魏一度将南部边界推进到江淮

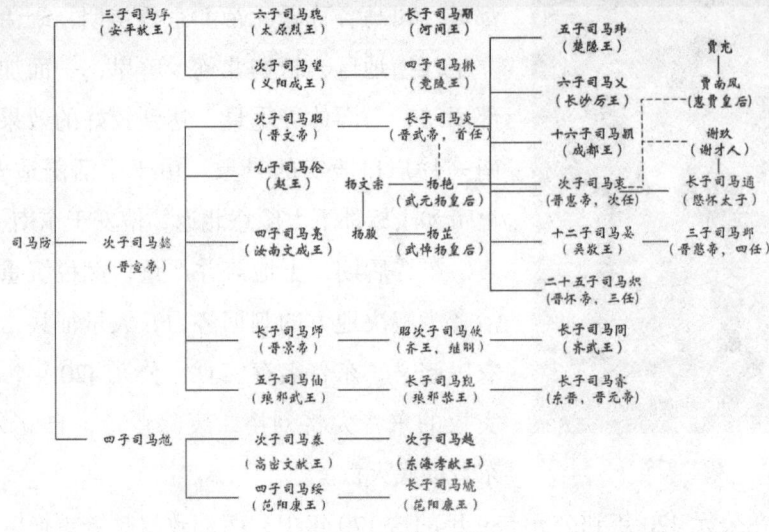

西晋皇亲国戚世系图

一带,势力渐渐强过南方。

6世纪后期,北周武帝进行一系列改革。政治上加强中央集权,经济上释放奴婢,严惩隐瞒土地的官僚大族,强制僧尼还俗种地。军事上扩大兵源,消灭北齐,统一黄河流域。北周武帝死后,朝堂大乱,大权落入外戚杨坚之手。

隋唐和五代十国

隋朝的建立与灭亡

公元581年,杨坚称帝,改国号为隋,年号开皇,以长安为都城。杨坚史称隋文帝。隋文帝在位时进行了一系列改革,国力日渐强盛。公元589年,隋文帝派杨广攻入建康灭陈,统一南北。由此结束了南北长期分裂的局面,有利于国家的统一、安定和发展。

隋炀帝即位后,继承文帝扩大了建设项目。首先,兴建大兴城和东京洛阳;其次,广修仓积粮;再者,于公元605年~610年,开通永济渠、通济渠、邗沟和江南河,连成贯通南北的大运河,这是世界上最早、最长的大运河;最后,修筑驰道,改善南北交通。

隋文帝杨坚像

隋炀帝是隋朝最后一位皇帝。他在位时,百姓年年重役,妇女也被征调。他好大喜功,三征高丽,兵士死亡过半。他下令修建奢华宫殿,耗费大量人力、物力、财力。他实行严刑峻法,抗旨者斩。

隋炀帝的暴政"使天下死于役而家伤于财",大规模的修建和远征,经常是在农忙的季节进行。官吏强迫农民过度劳动,先后有上百万的壮丁死于徭役。为了躲避徭役兵役,农民不惜伤残自己的肢体,称作"福手福足"。这一切,终于导致了隋末农民大起义的爆发。公元618年,隋炀帝在江都被部将杀死,隋朝灭亡。

唐朝的建立与发展

隋朝末年农民起义的同时，隋朝贵族李渊父子在晋阳起兵。公元618年，李渊称帝，即唐高祖，国号唐，以长安为都城。唐高祖派兵击败各地的起义军和割据势力，几年后基本统一了全国。

公元626年，唐高祖次子秦王李世民于长安宫城的玄武门发动政变，杀死了太子李建成及齐王李元吉，随后又迫使高祖李渊退位，自己于公元627年即位，是为唐太宗，并改年号为贞观。

贞观年间，唐太宗以隋亡为戒，率领朝臣兢兢业业地治理国家。使隋末唐初破败的经济局面得以扭转，动荡的政局也从此稳定。国势昌盛，人口增加，史家因此称之为"贞观之治"。贞观之治

开创贞观之治的唐太宗李世民

在唐人吴兢所著的《贞观政要》中有较为完备的记录。贞观之治形成的原因主要在于君主从谏如流，知人善任，在朝官员则敢于为国事犯颜直谏，大臣各司其职。唐太宗认为，君主要避免失误，只有借助于忠臣的直谏。他十分赞同魏征的话"兼听则明，偏信则暗"。所以，在与诸臣论治国之道时，唐太宗每每鼓励大臣直言君主的过错。由于唐太宗的鼓励，直言进谏成为贞观年间的风尚。通过群臣的进谏，太宗可以了解到各方面的情况和意见，得知下情，并择善而从。李百药谏止裂土分封，魏征谏止封禅，戴胄建议设立义仓等，都被太宗所接纳，避免了决策中的失误及过分役使百姓。在谏臣中，魏征是最著名的，其先后数次上疏，以隋亡的教训提醒

太宗居安思危，忧怜下民。由于君主的纳谏及大臣的直谏，贞观时下情上达，君臣一心，形成了"贤人进、佞臣退"的良好局面。除纳谏外，唐太宗格外重视人才的选用，太宗朝文臣武将，人才济济。太宗认为，君主治国应"至公无私""择贤才而用之"。

首先，太宗坚持量材器使，用人所长。贞观期间，太宗打破了统治阶级各集团所持有的政治偏见，竭力协调统治阶级内部各集团之间的利益，兼用关陇、关东与江南地区的贵族与士族，甚至任用曾经与自己为敌的人。这种以才取人的作法逐渐缓和了统治阶级内部的矛盾，稳定了局势。其次，太宗尤其注意从普通地主和平民中选拔人才。唐太宗的大臣中有出身于农民起义的将领，如徐世勣、秦叔宝等。有原隋王朝的将领，如屈突通等。也有出身寒素的刘洎、马周、张亮等。由于不拘一格选用人才，贞观朝中人才济济，如著名的贤相房玄龄、杜如晦等对贞观之治的形成就起到了十分重要的作用。再次，太宗十分重视地方官的委派，他认为"治人之本，莫重刺史"，因此将各地刺史之名录于屏障上，将所听察到的刺史善恶之事注于各自名下，作为废置赏罚的根据。又诏令五品以上官员，举任县令，使官得其人。由于太宗知人善任，贞观年间能人尽其才，官吏能很好地各守其职，为各项制度的完善奠定了基础。

唐高宗李治懦弱多病，皇后武曌协助处理朝政，渐渐掌握实权。唐高宗去世几年后，武曌称帝，改国号为周。武曌是中国历史上唯一的一位女皇帝。她在位时，重视农业生产，重视科举制度，破格用人，许多有才能的庶人，如名相狄仁杰、姚崇等，均为其所用。她当权半个世纪，经济发展，国力上升。

武则天晚年，其女太平公主干预朝政，朝廷大臣也分成几派，相互倾轧，接连发生政变。直到先天二年（公元713年）七月，唐玄宗以先发制人的手段，消灭了政敌太平公主集团，杀戮和贬逐了大批武三思、韦后及太平公主余党之后，唐朝宫廷内部的动乱才算告一段落。唐玄宗励精图治，任用贤臣姚崇为宰相兼兵部尚书，采纳了他的"抑权幸、爱爵赏、纳

谏诤、却贡献、不与群臣亵狎"的建议。十一月,加尊号为"开元神武皇帝",次月,改年号为开元,并罢黜了涉嫌和诸王勾结的功臣张说、刘幽求。

玄宗掌权后,力图改革。他选贤任能,大力发展生产,限制佛教,实行募兵制度,大兴文治,发展科举。

玄宗统治期间,政治清明,国家强盛,唐朝进入全盛时期,史称"开元之治"。政治的安定、国力的强盛、社会经济的繁荣必定推动文化事业的发展。唐诗最为后人称道,著名诗人高适、岑参、王维,特别是李白、杜甫都生活在这个时代,而唐代后期的著名诗人,如"大历十才子",也是这个时期培养出来的。其他如音乐、绘画、雕刻等艺术也都有了显著的成就。唐在东西两京设置集贤院,集中学者整理文化典籍,编纂图书目录,校刊补正典籍,抄写经史子集约九万卷,也极大地推动了文化事业的发展繁荣。

安史之乱与藩镇割据

安史之乱是唐代于公元 755 年至公元 763 年所发生的一场叛乱,是唐朝由盛而衰的转折点。唐玄宗改年号天宝后,政治愈加腐败。唐玄宗耽于享乐,使国政先后由李林甫、杨国忠把持,又放任边地将领拥兵自重,安禄山任三道节度使(平卢、范阳、河东),军权在握。天宝十四年(公元 755 年),安禄山趁唐朝内部空虚腐败,发动兵变,翌年就攻入都城长安,安氏称帝。安西节度使封常清、高仙芝、哥舒翰皆采以守势,但不为杨国忠所接受,被迫出战,最后以失败收场。唐玄宗逃入四川,到马嵬坡时六军不发,有将领请杀杨国忠与杨贵妃,后兵分二路,玄宗入蜀,太子李亨在灵武自行登基,是为唐肃宗,后世史家认为"马嵬之变"是一场"有计划的兵变"。郭子仪被封为朔方节度使(灵武,在今宁夏灵武西),奉诏讨

伐，次年郭子仪上表推荐李光弼担任河东节度使，联合李光弼分兵进军河北，会师常山（河北正定），击败史思明，收复河北一带。及后安禄山被其子安庆绪所杀，在唐军的收复下，另一叛将史思明投降。

公元758年，由于朝廷一项暗杀史思明的计划外泄，史思明发动兵变，杀安庆绪并称"大燕皇帝"。公元761年，史思明被其儿子史朝义所杀。翌年，唐代宗继位，并从叛军中收复洛阳。最后史朝义被李怀先逼迫自杀，八年的安史之乱结束。唐朝进入藩镇割据的局面。

唐代中期，安史之乱被平定后，朝廷与逐渐强盛起来的地方势力及安史旧部相妥协，以委任节度使的方式默许地方割据势力的存在。魏博镇、成德镇、幽州镇是诸割据势力中最先与唐王朝公开分庭抗礼，并联兵反唐，胁迫唐王朝承认节度使职位的世袭，史称"河北三镇的割据"。河北三镇自建立之日起，直到与唐共同灭亡为止，武装力量始终比较强大，因此成为唐中期以后中央王朝的心腹大患。

魏博镇，广德元年（763年）为收抚安、史余众而设置，治所魏州（今河北大名东北），下领魏、博（今山东聊城一带）、贝（今河北清河一带）、相（今河南安阳市）、卫（今河南汲县）、磁（今河北磁县）、洺（今河北邯郸一带）等七州。魏博镇的割据始自田承嗣。田承嗣原是安禄山的旧部，安史之乱被平定后降唐，唐朝廷任其为魏博节度使。降唐后，田承嗣仍暗中招兵买马，扩充军备，数年间便拥兵十万余人，又选强悍一万余人，组成牙军。牙军的待遇优厚，主要任务是护卫节度使。牙兵的职位亦世袭，牙军由此成为藩镇割据的中坚力量。田氏于魏博镇相传四代，元和七年（812年），牙军废田氏，拥立田弘正为节度使。田弘正率镇归降朝廷。长庆二年（822年）牙军反叛，拥立史宪诚为节度使，使田纮正之子田布被迫自尽。此后，魏博镇节度使的废立实际掌握于牙军手中，继田氏后，何进滔、罗弘信及其子孙继续与唐朝廷分庭抗礼。天祐三年（906年），节度使罗绍威不堪牙军的胁迫，借朱温的兵力灭牙军八千余家，魏博镇的武装实力从此衰败。五代梁乾化二年（912年），杨师厚灭罗氏，吞

并魏博镇。自宝应二年（763年）割据始起至后梁乾化二年（912年）为梁所灭，魏博镇割据先后近150年。

成德镇，又称镇冀镇，或恒冀镇，唐宝应元年（762年）为收抚安史余众而置，治所恒州（后改镇州，今河北正定）。下领恒、定（今河北定县）、易（今河北易县）、深（今河北深州市）、冀（今河北冀州市）、赵（今河北赵县）等六州，成德镇的割据始自李宝臣。李宝臣是安禄山的义子，安史之乱被平定后归降唐朝，唐朝廷任命他为成德节度使，管辖相当于今河北沙河、滹沱河下游以南，献县、阜城、景县以西，临城、柏乡、南宫、枣强以北的地方。唐德宗建中二年（781年）李宝臣死，其子李惟岳继任。次年王武俊杀李惟岳，率镇归唐。降唐后，王武俊又怨唐朝廷不任其为节度使，故又率镇复叛。兴元元年（784年），唐朝廷任其为成德军节度使，又重新归唐。成德先后为李宝臣、王武俊、王庭凑及其子孙们所割据，对朝廷时叛时降。唐后期依附李克用参与梁、唐、晋的吞并战争，后梁龙德二年（922年）为晋所并。五代后唐时仍保留其设置，宋太平兴国二年（977年）废。

幽州镇，又称卢龙镇。玄宗时为防奚、契丹而置幽州节度使。天宝元年（742年）改名为范阳，是安禄山反叛的发起地。安史之乱被平定后，宝应元年（762年）为收抚安史旧部又设置幽州镇，治所在幽州（今北京城西南），下领幽、涿（今河北涿州市）、莫（今河北雄县）、瀛（今河北河间市）、平（今河北卢龙镇）、檀（今北京密云县东北）、营（今辽宁朝阳县）、蓟（今河北蓟县）、妫（今河北怀平县）等九州。管辖地区大致相当于今河北怀平、永清、北京市房山区以东和长城以南。幽州镇是河北三镇中势力最强大、内部争斗最激烈的一镇，其割据始自李怀仙，李怀仙原为安禄山军中偏将，安史之乱被平定后归降唐朝，唐朝廷任其为幽州节度使。大历三年（768年），他被部将朱希彩、朱泚、朱滔等合谋杀害。朱希彩强迫唐朝廷任命自己为节度使，继续割据。大历七年（772年），朱希彩被杀，朱泚继位。大历九年（774年），朱泚在朱滔的劝说下入朝，朱滔

则拒绝朱泚回镇，迫唐朝廷任自己为节度使。公元785年朱滔死，将士拥立刘怦为节度使，刘氏共传三世，到刘总时弃官为僧。朝廷遂任命弘靖为节度使，但为将士不容，反叛朝廷，后拥立朱克融。此后，幽州镇内讧不止，节度使更迭频繁。先后更换过朱延嗣、李载义、杨志诚、史元忠、陈行泰、张绛、张仲武、张直方、周綝、张允伸、张简公、张公素、李茂勋、李可举、李全忠、李匡、刘仁恭等近二十位节度使。幽州自建镇起，只在元和年间（806~820年）一度听命于中央。唐亡后建号称燕，乾化三年（913年）李存勖攻破幽州杀刘仁恭，结束了自李怀仙至刘仁恭，幽州镇割据历一百五十余年的历史。

河北三镇的割据开唐末藩镇割据的先河。实行割据的藩镇一般在名义上必须取得唐朝廷的任命，在本境内却拥有相当大的独立性。他们可自己组织军队、设立官位、掌握刑赏户籍不报中央，赋税不入朝廷，节度使之职也可世代相传。河北三镇的割据局面形成于代宗时。德宗时由于两税法的实施，朝廷财政有所好转，于是便开始抑制藩镇的活动。建中二年（781年）成德节度使李宝臣死，其子李惟岳自为留后，请朝廷诏允。德宗拒绝了李惟岳的请求，并做好镇压藩镇反叛的准备，李惟岳联合魏博镇、淄青镇等反唐。其结果是李惟岳为部将王武俊所杀，而后藩镇纷纷称王。如魏博节度使田悦称魏王、成德节度使王武俊称赵王、幽州节度使朱滔称冀王。唐军讨伐无功，只好妥协。藩镇去王号，名义归唐，唐朝廷承认三镇及其他割据势力的权利。宪宗时，唐王朝开始第二次抑制藩镇的活动。元和年间三镇曾一度听命于中央王朝，但由于长期的战争，唐王朝军力不足，无力进一步消除河北三镇的势力，三镇擅有财赋、拥有重兵的情况并未得到根本的改变。宪宗后，唐王朝对日益强大的藩镇势力一筹莫展，只好以高官厚赏换取他们的暂时归顺，于是河北三镇气焰日涨。穆宗时于河北实行销兵，引起各镇兵将的不满，河北三镇率先再次公开反叛。长庆元年（821年）幽州镇的卢龙发生兵乱，唐朝廷所委任的节度使张弘靖被兵将拘囚后驱逐，朱克融被拥为留后，与此同时，成德将领王庭凑也杀掉了

唐朝廷委派的节度使田弘正，发动反叛。唐王朝发诸道兵十万征讨，由于诸将领对朝廷失去信心，又加之以宦官监军，指挥不统一结果无功而返。

唐王朝在与河北三镇的斗争中，或以妥协，或以失败而告结束，王朝的力量与声望日渐削弱，而河北三镇却在战争的缝隙中养精蓄锐，军事武装日益强大，直到唐亡，三镇割据的局面始终没有得到根本的改观。

宦官、朋党与农民战争

从唐玄宗后期起，宦官参政，唐肃宗即位后，更是让宦官李辅国参与朝廷机要，统领禁军，任免宰相。以至于宦官权力越来越大，国策的制定、朝臣的任免、皇帝的废立，几乎都由他们把持，其权力远甚于东汉。

唐朝后期，朝廷高官朋比为奸，排斥异己。宦官专权与朋党之争，进一步削弱了唐朝的统治力量，唐朝日渐衰落。

唐朝末年，朝廷上下腐败贪婪，土地兼并严重，灾荒之年仍旧催百姓缴纳税赋。各地节度使残暴镇压百姓，藩镇间战火连绵，农民苦不堪言，揭竿而起。

乾符二年（875年），山东、河南农民几千人，由黄巢等人领导，先后发动起义。黄巢采取流动作战的方针，辗转大半个中国。攻入洛阳后，起义军占领长安，黄巢称帝，国号"大齐"。唐僖宗仓皇逃到成都。黄巢未乘胜追击，致僖宗集结兵力反扑，黄巢被迫撤出长安，兵败自杀。

唐朝末年的农民起义波及大半个中国，是中国历史上一次大规模的农民战争。这次起义使得腐朽的唐朝分崩离析。起义的农民军还首次提出了平均的思想，即均田、均产。

天祐四年（907年），唐朝为藩镇所灭。

五代十国

唐朝末年，农民起义军将领朱温降唐，被封为节度使。天祐四年（907年），朱温废唐称帝，史称后梁。此后半个多世纪，黄河流域先后建立后梁、后唐、后晋、后汉、后周五个朝代，称为五代。除后唐以洛阳为都城外，其余均定都开封。与此同时，南方各地先后有吴越、南唐等九个割据政权，连同山西北汉，史称十国。五代十国是唐朝末年分裂割据的继续和发展。这一时期，北方政权更迭频繁，混战不已，经济遭到严重破坏。南方局势则相对稳定，战争较少，也有利于社会经济的发展。这一时期，全国的经济中心继续南移，南方称为全国经济先进地区，远胜于北方。

五代十国晚期，分裂割据局面及随之而来的关卡林立，商税苛重等，严重阻碍了各地区经济交流和发展。因此，人民迫切希望得到安定的生产和生活环境。周世宗柴荣在位期间，废除五代弊政，采取了一系列措施。政治上，严明法纪，严惩贪官，抑制藩镇，加强中央集权。经济上，安抚流民，开荒种田，减免苛敛，裁汰僧尼。

第四章

宋元时代

陈桥兵变建北宋

后周显德七年（960年），时任殿前都点检的赵匡胤在东京陈桥驿发动兵变，建立了宋朝，定都汴梁（今河南开封），史称北宋。赵匡胤就是宋太祖。

赵匡胤建立北宋后，采取"先南后北""先易后难"的方针，进行南北统一大业，基本削平了南方的割据势力。太平兴国四年（979年），太祖之弟宋太宗消灭最后的割据政权北汉，结束了五代十国的混乱局面。

宋太祖赵匡胤

宋朝初年，统治者为了改变自唐朝后期以来的藩镇割据局面，采取了一系列措施来加强中央集权。首先，集中军权和行政权，集中财权和司法权。这些措施使藩镇割据的基础被铲除，维护了国家的安定和统一，有利于社会经济发展。但是，过分的中央集权也带来恶果：政府机构重叠，开支变大；军队作战指挥不灵，战斗力下降；地方财政困难。这些因素给北宋的积贫积弱埋下了祸根。

北宋时期的科举较唐朝有较大进步。这一时期的科举分为乡试、省试、殿试三级。北宋科举考试程序更加严格，录取的权力由皇帝直接掌握，进士及第的人称为"天子门生"。考试的科目减少。考试实行糊名制，防止考官舞弊。在录取名额上也比唐朝大大增加。科举制度的发展，为各阶层读书人进入仕途开辟了道路，使北宋政权基础进一步扩大，也加大了中央集权的作用。

北宋中期的社会危机和改革

土地兼并现象严重,主要是统治者"不抑兼并"导致的,也导致了"富者有弥望之田,贫者无立锥之地"的尖锐矛盾;这期间农民的反抗斗争遍及中原边地;冗官、冗兵、冗费;辽、西夏的威胁。这是北宋中期面临的主要危机。

庆历二年(1043年),宋仁宗任命范仲淹为参知政事,改革时弊。范仲淹提出以整顿吏治为中心的主张。仁宗采纳大部分意见,实施新政。因为改革发生在庆历年间,史称"庆历新政"。新政内容:严格执行官吏升迁考核制度;限制官僚子弟及亲友通过恩荫做官;加强各级长官的保举和选派;裁并州县,减轻徭役;严肃中央政令,取信于民。

熙宁二年(1069年),宋神宗任王安石为参知政事,主张变法。王安石变法的内容很多,可分为理财和整军两大类。前者包括均输法、青苗法、农田水利法、免役法、市易法和方田均税法等;后者包括将兵法、保甲法、保马法和设军器监等。总的来看具有进步作用。均输法、市易法和青苗法是对富商和地主投机倒把、囤积居奇、盘剥农民的行为进行打击,也增加政府收入。方田均税法和免役法是为了限制官僚地主的特

王安石

权,减轻农民的负担,增加政府收入。农田水利法有利于农业生产。保甲法、保马法、将兵法和设军器监则有利于加强军事力量,巩固边防。王安石变法的进步意义主要表现在:(1)变法措施的推行,增加了政府的财政收入,加强了国家的军事力量,在一定程度上改变了北宋积贫积弱的局面。(2)王安石变法促进了经济发展,客观上有利于社会进步。(3)王

安石能够针对北宋统治错综复杂的积弊大刀阔斧进行改革,这种勇于改革和敢于斗争的精神,值得肯定。

辽、西夏的建立与宋辽、宋夏的和战

北宋时候,在我国辽阔的土地上,有不少同北宋并立的少数民族政权。主要有契丹族建立的辽、后来取代辽的女真族建立的金,以及党项族建立的西夏。

契丹族原来居住辽河上游一带,过着游牧和渔猎生活。唐朝末年,契丹族的势力发展起来,一些汉族农民为了躲避战祸,迁到长城以北,向契丹人逐渐学会种植庄稼、织布、建造城郭房屋。部分契丹人开始了农耕生活。

10世纪初,契丹族的首领耶律阿保机统一契丹各部。阿保机提倡农业,逐步接受汉族封建文化。916年,阿保机称帝,建立契丹国,定都上京(今内蒙古巴林左旗南)。阿保机就是辽太祖。契丹人仿照汉字偏旁创制了契丹文字。阿保机的儿子耶律德光统治时期,契丹得到燕云十六州。辽会同元年(938年,一说947年),契丹改国号为辽,983年夏称契丹,1066年仍称辽。

党项是羌族的一支,唐中期以来居住在宁夏、甘肃、陕西西北一带,过着游牧生活。北宋宝元元年(1038年),党项族首领元昊称大夏国皇帝,都城在兴庆(今宁夏银川)。夏在宋的西北,史称西夏。

女真族由黑水靺鞨发展而来,长期居住在松花江、黑龙江下游一带。北宋中后期,女真族的完颜部强盛起来,逐渐统一女真各部。

为解除民族压迫,北宋政和四年(1114年),女真族的杰出首领完颜阿骨打举兵抗辽,取得初步的胜利。次年,阿骨打称帝,建立金朝,定都会宁（今黑龙江阿城）。阿骨打就是金太祖。为了加强统治力量，阿骨打推行猛安谋克制。猛安谋克作为基本社会组织，既是军事组织，又是地方行政组织。各户壮丁平时从事生产，战时出征。这种兵农合一的制度，对金朝的社会发展起了重要作用。

阿骨打建国以后，国力迅速增强。那时的辽政权由于政治腐朽，剥削苛重，各族人民不断起来反抗。阿骨打屡次兴兵攻辽，削弱了辽的力量。金与北宋联合夹击辽。1125年辽天祚帝为金军所俘，辽朝灭亡。

辽灭亡后，金军两度南下攻宋，威胁宋的都城东京。北宋军民在主战派大臣李纲的领导下，多次打退金兵的进攻。但是，北宋统治集团腐朽不堪，没有抵抗的决心，都城终于被攻破。1127年，金统治者俘获宋徽宗和宋钦宗，北宋灭亡。史称"靖康之变"。

1127年，北宋康王赵构在应天府（今河南商丘）称帝，年号建炎，后来定都临安（今浙江杭州），史称南宋。赵构就是宋高宗。南宋抗金将领岳飞，率领宋军采取"连结河朔义军"的正确方针，给金军以重大打击。他的

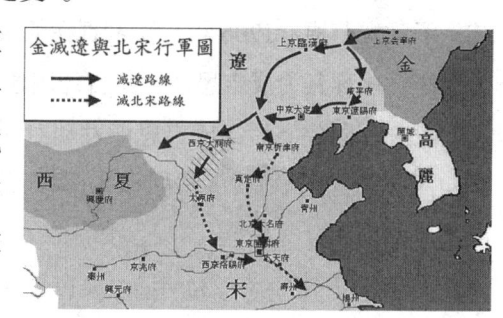

金灭辽与北宋形势图

军队作战勇敢，纪律严明，被称为"岳家军"，是当时抗金的中坚力量。

南宋绍兴十年（1140年），金军以兀术为统帅，大举攻南宋。岳飞率军在郾城迎击金军主力，取得大捷。岳家军乘胜进逼开封。金军受到致命打击，准备撤退。

在郾城之战中，金兀术指挥他的"铁浮图"和"拐子马"从三面向岳家军进攻。铁浮图是重甲骑兵，又叫铁塔兵，头戴塔形铁盔，身穿铠甲，为正面部队；拐子马分列左右，两翼配合。岳家军奋勇冲入敌阵，上砍敌头，下砍马脚，把金军打得大败。岳家军收复郑州、洛阳等要地，截断金军的运输线。

宋高宗和宰相秦桧为首的投降派，害怕抗金力量壮大对他们的统治不利，合谋向金求和，命令岳飞班师继而解除岳飞的兵权，并以"莫须有"的罪名将他杀害。

元朝时代

蒙古族是我国一个历史悠久的民族，长期生活在蒙古高原上。12世纪中后期蒙古高原上各部争战不已，人民长期处在战争的苦难中。蒙古族的杰出首领铁木真，通过10多年的战争，打败周围各部，结束了混乱局面，统一了蒙古草原。1206年，铁木真在斡难河源召开大会，蒙古贵族推举他为大汗，尊称其为成吉思汗，蒙古汗国建立。

蒙古汗国建立后，成吉思汗发动对周围地区的长期征伐战争。蒙古军队向西一直打到中亚、俄罗斯，向南打到印度河流域。成吉思汗还不断向南进攻西夏和金。

南宋端平元年（1234年），蒙古灭金，后来又招降吐蕃，征服大理。咸淳七年（1271年），成吉思汗的孙子忽必烈定国号为元。次年，定都燕京，称为大都（今北京）。元朝的统治中心向中原转移。忽必烈即元世祖。

元军继续进攻南宋。1279年元军追击南宋幼帝，陆秀夫背负幼帝在广东厓山投海而死，攻破临安，南宋灭亡。临安陷落后，南宋大臣文天祥和张世杰、陆秀夫等继续在东南沿海一带坚持抗元。不久文天祥被俘。他严词拒绝元军的劝降，写下了"人生自古谁无死，留取丹心照汗青"的不朽诗句，表现出崇高的民族气节。后来，文天祥被押解至大都，在那里英勇就义。

元朝的疆域空前广阔，今天的新疆、西藏、云南，东北广大地区，台湾及南海诸岛，都在元朝的统治范围之内。但是元朝中后期，由于腐败的政

治、沉重的徭役负担和统治阶级的经济掠夺，使阶级矛盾空前尖锐，加上民族歧视和民族压迫，终于导致农民大起义。

元至正十一年（1351年），刘福通领导农民工3000余人起义。起义军头包红巾，称为红巾军。起义军很快发展到数万人。各地农民纷纷举兵响应。刘福通起义军转战数年，遭元军镇压。佃农出身的红巾军将领朱元璋率领的队伍，逐渐强大起来，于元至正二十八年（1368年），攻占大都，灭亡元朝。

第五章

明清时代

靖难之役

朱棣是明太祖朱元璋第四子。洪武三年（1370年）四月封为燕王，治理北平。十三年开始进驻封地。受太祖特许，王邸用元旧宫殿。由于北平毗邻蒙古，因此为防御元残余势力侵扰，故特诏配以精锐重兵，归其指挥，以拱卫京师；并任傅友德为将军，指挥军队听其节制。同秦王樉、晋王棡分道都诸将北征。后因秦、晋二王久不出师，只有燕王率傅友德军多次出塞征伐，直抵迤都山，生擒敌将乃儿不花等；又时常巡边，筑城屯田，建树颇多，是明初军功最显著的塞王之一。

洪武二十五年（1392年），皇太子朱标病死，朝廷经多次商议，以标子允炆为皇太孙，做皇位继承人。对此，朱棣颇为不满。朱允炆天资聪敏，但却生性怯懦，优柔寡断。太祖对棣倍加宠爱，曾一度萌发更换皇位继承人的念头。太祖为遵守传统礼法稳定政局，方才作罢。虽如此，但却在无形中诱发起了朱棣谋夺皇位继承权的欲望。

洪武三十一年（1398年）闰五月，太祖驾崩，皇太孙即位，是为建文帝，史称明惠帝，以明年为建文元年。燕王棣赴京奔父丧，但行至淮安，便接到朝廷关于"诸王临国中，毋到京师会葬"的"遗诏"。棣甚恼火，想必是建文宠臣齐泰、黄子澄等改了诏书，但实情不明，只好暂时返回。

同年七月，建文帝果然颁布了"削藩"令，并首先从朱棣同母弟周王橚开刀。先派大将军李景隆统兵到了封地逮捕王橚到京，不久便废为庶人，全家发配云南。朱棣见周王被抓以后，完全证实了齐、黄用事。于是便挑选壮士为护卫，以"勾军"为名，广招"异人术士"。这时，齐王榑、代王桂等也相继被削，湘王柏甚至被迫自焚而死。随后，朝廷更下令"今后诸王均不得节制文武官员"，更进一步限制诸王权力。这就更迫使朱棣

高度警惕，加紧练兵，准备起事。

建文元年七月初五日，燕王正式誓师，援引《祖训》中"朝无正臣，内有奸逆，必举兵诛讨，以清君侧之恶"条文，以"诛齐泰、黄子澄"为名，起兵靖难。取消了建文年号，仍称洪武三十二年。设置官属，任张玉、朱能、丘福为都指挥佥事。第二天，留郭资辅世子守北平，亲率大军抵达通州，指挥房胜不战而降。用张玉计，攻下了蓟州、遵化，解除后患，然后又向南推进。一场以夺皇位为实质的武装斗争开始了。十六日，燕王以"居庸险隘，北平之咽喉，我得此，可无北顾忧"。于是挥军攻占居庸，转攻怀来，开平、龙门、上谷、云中守将望风归降。燕王又攻克了永平、克滦河，直趋南下。由于北平多年一直为基地，因此附近州县卫所，一呼百应，士气旺盛，并有鞑靼兵马为后盾，南方宫中太监为内应，朱棣不仅兵精粮足，而且对建文集团内动静虚实，了如指掌。加之指挥得当，又有姚广孝等能者相助，出谋划策，因此在斗争中始终处于优势地位。建文集团相反，虽位居正统，兵众粮足，但因建文帝生性怯懦迂腐，缺乏魄力，处事优柔寡断，易信谗言。因此先后任用耿炳文、李景隆分镇真定、河间。结果，耿先大败于真定，困守孤城；李代耿后，虽乘燕军攻大宁之机而围攻北平，但在北平军民合击下又大败，逃回德州。建文无奈，答应罢免齐泰、黄子澄的兵权（实则仍典兵如故），以求罢兵。燕王知诈，不听，继续进攻德州。建文二年（1400年）四月，燕王连续攻下德州、济南，景隆只身走。惟铁铉、为盛庸代景隆坚守济南，燕军久攻不下，只好暂回北平。

建文四年（1402年）正月，建文令魏国公徐辉祖主山东。燕军连续到达汶上、沛县，直捣徐、淮。三月，到了宿州，攻破萧县，大败敌主将平安于小河。接着，同徐辉祖大战齐眉山，自午至酉，难分胜负。而建文集团却因暂时的小胜冲昏了头脑，听信谗言，以"京师不可无帅"为由，撤回徐辉祖，放松了戒备。燕王先用分兵进扰，使敌兵势力分割削弱，应顾不暇，燕军乘敌将何福移兵灵壁就食之机，展开大战。四月初八日，燕王

亲率诸将首先登城，军士紧跟其后。生擒平安、陈晖等大将，仅以何福身免，燕王大获全胜。与此同时，宋贵又成功截击了前往援助济南的辽军，并全歼其军。南军的势力更加衰弱了。五月，燕王连下泗州，拜了祖陵；巧渡淮水，取盱眙，乘胜直捣扬州，攻克仪征。时，建文帝又派使以"割地南北"议和。燕王称"凡所以来，为奸臣耳。得之，谒孝陵，朝天子，求复典章之旧，免诸王罪，即还北平。"并指出此议和实为"奸臣缓兵之计"，拒绝接受。议和未成之后，建文集团便自恃长江天险，打算募兵勤王，进行顽抗。

六月初一，燕王汇集高邮、通、泰船于瓜州，向京城进发，在浦子口大败盛庸军；又得子高煦的援兵，势力盛极。一时朝臣多暗地里派使者向燕王献计使献计充内应，前往增援前线的陈瑄，亦率舟师以降了燕。燕军势力更加旺盛。初三，燕王誓师渡江，舳舻相衔，旌旗蔽空，金鼓大震，声威浩荡，当时，盛庸列兵沿江200里迎战。燕王指挥诸将先登，以精骑数百冲入敌军阵营，庸师溃，单骑逃走，余众都投降。随后移师长江咽喉镇江，守将不战而降。此时举朝震惊。建文除令谷王橞、安王楹分守都门外，又派遣李景隆和诸王反复同燕王求和。燕王仍以"欲得奸臣，不知其他"为由，盛宴后送回。建文无计，方孝孺坚守城待增援。齐泰、黄子澄分奔赴广德州、苏州逃难征兵，都没有取得成效。十一日，燕军进入朝阳，谷王和景隆献出金川门，朝廷文武都迎降。建文左右仅剩数人，于是关闭了所有的后妃宫，纵火焚之。在烈火中，建文帝不知去向。

朱棣入宫后，大肆进行报复行动。建文谋臣齐泰、黄子澄、方孝孺先后被磔，诛灭九族。拒草"即位诏书"的方孝孺和藏刀上殿行刺的景清，更祸灭十族，不仅株及九族，连门生之门生，姻亲之姻亲，均不放过，史称"瓜蔓抄"。前后被杀者数以万计，镇压十分残酷。

七月初一，朱棣正式登极，史称明太宗（嘉靖时改谥"成祖"），以明年（1403年）为永乐元年，升封地北平为北京，改京师为南京，统一了明代南北两京之制。一切恢复太祖时旧制。"靖难之役"就此宣告结束。

郑和下西洋

郑和，原姓马，小字三保，是云南昆阳回族人（今云南省晋宁县）。明太祖朱元璋统一云南时，他被阉入宫，做了太监。后，随燕王朱棣到达北平，住在燕王府。在"靖难之役"中，因其为人机警，智勇全双，"出入战阵，多建奇功"，深受燕王赏识。永乐元年（1403年），他被庄重地赐予姓名——郑和。次年，又升为内官监总管太监。通过这次战役，他掌握了丰富的军事知识和作战经验，为他后来指挥舰队七下"西洋"，创造了重要条件。同时，郑和虽原本世代信奉伊斯兰教（时称回教），但于永乐元年却又在道衍（即姚广孝）引荐下，皈依了佛教，成为一名佛教徒，法名福善，因此又被人们称为"三保太监"。

当时，正值明朝国势蓬勃上升的繁荣时期。国家经济实力壮大，政治局势相当稳定；而且宋、元以来海外贸易兴盛，对外移民不断增加，特别是造船业空前发达，航海技术也有了长足进步，罗盘针的广泛用于航海，众多水手和技师日益增多，这些为郑和远洋航行提供了雄厚坚实的物质基础和足够的科学技术。在此情况下，自命为"天下共主"雄心勃勃的成祖朱棣，为宣扬国威，"耀兵异域，示中国富强"，决定派使臣率领船队出海远航，访问亚、非诸国。但是，这样重大的举动，如果没有一个精明强干的总指挥，是很难实现的。而郑和身为内官监总管太监，外出采办是其责任范围内之事；又兼有回、佛二教徒的双重身份，更便于同"西洋"诸国官民的交往；其父、祖均曾亲自到过天方（即麦加，今沙特阿拉伯西北部）"朝圣"，他在耳濡目染下间接地了解并熟悉了"西洋"各国和各地区的风土人情；此外，更有前述"靖难"之役中积累的军事知识和实践经验，可说是当时再好不过的理想人选。所以，明成祖朱棣毅然决然地任命他出任总指挥，而以其挚友王景弘为副使。从此，郑和便开始了长达近30年的震惊世界的七次大规模的"下西洋"（广指我国南海以西的海洋地区，

包括今天印度洋、文莱以西的地区）。

永乐三年（1405年）七月，郑和偕副使王景弘，率领将士和水手27800余人，分乘62艘大船（一说200多艘），从苏州刘家河（今江苏省太仓市浏河）出海，经占城（今越南中南部）、爪哇、旧港（今称臣港）、苏门答腊（今印度尼西亚苏门答腊岛）、锡兰山（今斯里兰卡），最后到达古里（今印度科本科德）。他们一路宣扬明朝德政，以及同各国通商友好的强烈愿望，深得各国官、民的欢迎。永乐五年（1407年）十月初二日，郑和舰队返航回国时，不少国家的使者随同访华，商谈建立邦交和通商贸易关系。其间，出于自卫，在旧港，郑和曾不得不以武力击败前来抢劫宝船物资的海盗，生擒了其首领陈祖义。但此次航行仅是作为一次实践，其历经范围也未超出印度洋沿岸地区。

同年十月，郑和等利用东北季候风又进行了第二次出海航行。经暹罗（今泰国）、柯枝（今印度柯钦），又到达古里。至永乐七年（1409年）七八月间正式返回。其所经路线、范围与第一次大体相同。

郑和第三次出海航行，是在永乐七年十月（1409年）。主要是为护送各国的使者回国。他只带了四十八条宝船。为了以后进行更大规模的远航，他们开始在其航行的中心地区——满刺加，建立起重栅小城，修盖了大型仓库，作为中转站。这次仍以通商为主，一路也还顺利；这次航行仍未越过印度西海岸以外。

永乐十一年超出了（1413年）十月，郑和开始了第四次下西洋。这次航程较远，所到的国家和地区也较多，已远逾印度以西。新去的国家和地区有：溜山（今马尔代夫）、榜葛剌（今孟加拉），最后由古里直航忽鲁谟斯（今伊朗波斯湾口阿巴斯港南的岛屿）。

永乐十五年（1417年），郑和又进行了第五次远航。这次到达的国家和地区，航程也最远，直达非洲赤道以南、东海岸的木骨都束（今索马里摩加迪沙）、麻林（在今肯尼亚境内）、阿拉伯半岛的祖法儿、阿丹、剌撒（今也门共和国境内）。永乐十七年（1419年）八月初八日回返时，竟有

十七个国家的使节,随同来华访问。其中有王子、王叔、王弟等,分别通过谈判,同明朝建立起正式邦交关系。

为护送诸国使节回国,郑和奉命又于永乐十九年(1421年)三月初三日,进行了第六次远航。此次路途虽远,但往来却非常迅速,于第二年(1422年)便返回国。

郑和最后一次远航,则是在成祖及其子仁宗相继去世后的宣宗时期。到达了十七个国家和地区。归来时已是宣德八年(1433年)七月初七日。并有十多个国家和地区的使臣随同来华,与明朝建立联系。

宣德九年(1434年),64岁的郑和病逝。就在这一年,其副使王景弘又组织了第八次"下西洋"的活动,但其声势与规模都已远不及前七次了,下西洋活动接近尾声。

总之,郑和的七次泛海远行西洋,前后长达近30年,行程计以万里,到经地区,南至爪哇岛,北迄波斯湾和红海东岸的麦加,东至台湾,西达非洲东海岸、赤道以南。包括占城、真腊(今柬埔寨)、暹罗、满剌加(今马六甲)、彭亨(今马来西亚)、苏门答腊、旧港、爪哇、阿鲁、南

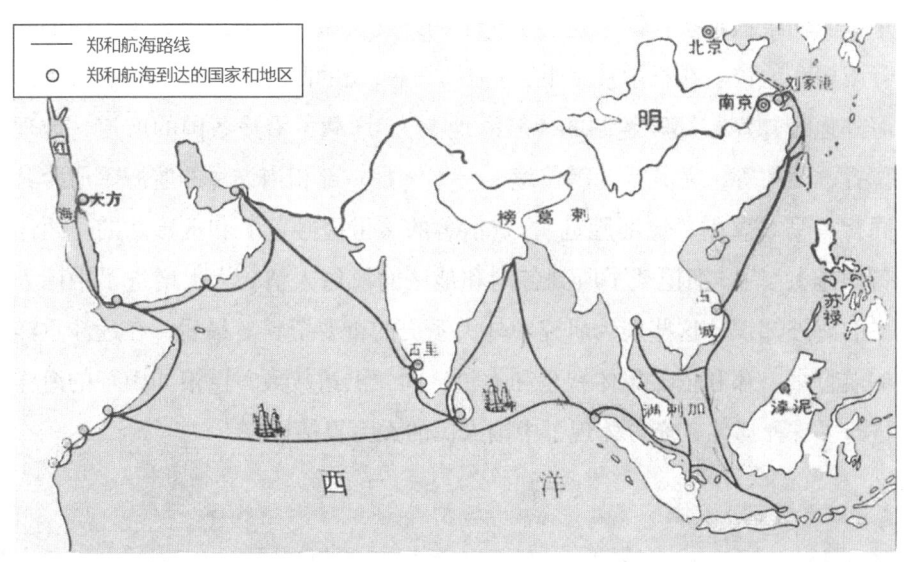

郑和航海路线图

勃里（属今印度尼西亚）、锡兰（今斯里兰卡）、溜山（今马尔代夫）、榜葛剌（今孟加拉）、南巫里（属今印度）、忽鲁谟斯、祖法儿（今佐法儿）、阿丹（今红海的亚丁，属今也门）、比剌（今索马里的不剌哇）、木骨都束、麻林和天方等亚非近四十来个国家和地区。郑和下西洋，其规模之大，人数之众，时间之长，足迹之广，在中国和世界航海史上都是空前的壮举，中国人民对世界航海事业做出了伟大的贡献。郑和开辟了从中国去红海及东非洲地区的航道，是海上"丝绸之路"的开创者。郑和下西洋的影响是巨大的：首先，它把大量的瓷器、丝绸、锦绮、纱罗、铁器和金属货币等带到亚洲各地；又从国外收买回胡椒、谷米、棉花，换取大量海外奇珍、香料等奢侈品，大大开拓了海外市场，促进了中国同亚非各国的经济文化交流，增强了同各国政府间和民间的友谊，从而刺激了国内的商品生产和工商业的长足进步，也在一定程度上推动了资本主义的萌芽。同时，通过郑和下西洋宝船的交往，大批华人也流往南洋各国，华侨人数自此剧增，成为南洋各国重要的社会生产力量。他们与当地人民共同推动了南洋地区的开发。其次，在政治上扩大与强化了中国同亚非各国的友好往来，明朝跟三十多个国家建立了正常的外交关系，空前地提高了中国的国际威望和地位。在科学技术上，打开中国人民的眼界，丰富了中国人民的海外地理知识。郑和编制的《航海地图》，详载了沿途各国的航道、地理位置、距离等，尤其是《鍼位编》一书，是一部相当详尽的航海手册；其同行者马欢著的《瀛涯胜览》，费信著的《星槎胜览》和巩珍著的《西洋蕃国志》，均详细记载了所到各国和地区的风俗人情，大大增进了中国人民的海外知识，这些成为研究中外关系史的重要资料。最后，在远涉重洋的航行中，郑和依靠集体智慧和力量，同"洪涛接天，巨浪如山"的海洋进行了殊死搏斗，充分体现了中国人民的大无畏精神。

瓦剌南侵与土木堡之变

元朝灭亡后，蒙古族中的一部分由于长期散居于内地与广大下层人民共同生活，已同汉族及其他各族人民逐渐融合，而其余退居漠北者，仍然过着游牧的生活。他们共分三部：其中居住在老哈河（西辽河的南源，在今内蒙古自治区东南部）和西辽河一带者，是兀良哈部；居住在鄂嫩河、克鲁伦河和贝加尔湖以南者，是鞑靼部；居住在科布多河和额尔齐斯河及其以南的准噶尔盆地者，则是瓦剌部。明统治者经过反复研究，认为此三部"分则易治，合则难图"，故一贯坚持了时而拉拢时而打击的分化瓦解政策。

瓦剌部，在成吉思汗时称斡亦剌惕，其牧地原在叶尼塞河上游。术赤北征后，开始臣服于蒙古。元末时又大力向西扩展，尽占阿尔泰山以西地方。当时的瓦剌部，本归元朝旧臣猛哥帖木儿管辖。猛哥帖木儿死后，该部一分为三，分别由马哈木、太平和把秃孛罗统领。明永乐七年（1409年），因瓦剌三部均曾先后遣使入贡明廷，明成祖便同时敕封马哈木为顺宁王，太平为贤义王，把秃孛罗为安乐王。不久，鞑靼部首领阿鲁台也派使者入贡明朝。明成祖鉴于瓦剌各部的逐渐强大，因此为了牵制瓦剌，初则又敕封阿鲁台为和林王。马哈木向来与阿鲁台斥和，以此对朝廷大为不满，于是联合瓦剌诸部，拥兵占据饮马河上，准备进犯明朝。

永乐十二年（1414年），明成祖亲率领大军进攻瓦剌，并告知阿鲁台出兵配合，在忽里忽失温大败瓦剌军（在今蒙古人民共和国的乌兰班达地）。

永乐十四年（1416年），马哈木死，其子脱欢袭位。不久，脱欢又攻杀贤义王和安乐王，尽占其众，统一了瓦剌各部。明宣宗宣德九年（1434年），脱欢袭杀了阿鲁台，进一步征服统一了鞑靼部。脱欢自立为可汗，因遭各部强烈反对，不得不暂立元室后裔、原鞑靼部首领脱脱不花为可

汗，而自任丞相，居漠北，成为实际的掌权者。明正统四年（1439年），脱欢死，其子也先继嗣丞相之位。不久，也先又自称太师淮王。北部皆臣属于也先，脱脱不花空徒其空名，不复相制。也先成为整个了瓦剌的实际领袖。也先野心勃勃，北征乞儿吉思，西服中亚诸国，西南又攻取哈密，控制了明朝通往西域的咽喉要道；又同沙州、罕东、赤斤蒙古三卫联姻结盟，并置"甘肃行省"，破坏明朝在西北的屏障；东败兀良哈三卫，进而席转女真族各部，完成了对明朝东、西、北三方面的大包围圈，并时刻准备向明朝发动进攻。

　　正统十四年（1449年）二月，也先又派使臣前来贡马。他不仅将2000名使者，诈称为3000名，期望能冒领明政府更多的赏赐；而且，还公然将贡马说成是向明朝公主定亲的聘礼。这种无礼举动，连权宦王振都忍无可忍，宣布决定削减其马价，并警告瓦剌的使者，求亲之事朝廷根本不知，更没有许诺过什么，也不会承担这种责任，请他们休做非分之想。也先闻知大怒，当即于七月初八日，率领四路军兵，大举侵犯明朝。当时北部边防来报，一日内敌军已进占了当里之地，一日数至。王振为了炫耀自己，在没有任何准备的情况下，竟然鼓动着英宗皇帝"御驾亲征"。

　　初十日，英宗正式下诏，命其弟郕王朱祁钰在朝中坐镇。自己亲率太师英国公张辅、太师成国公朱勇，已久户部尚书王佐，兵部尚书邝埜，学士曹鼐、张益等文臣武将数百员，大军五十万，浩浩荡荡，仓促地出师。当队伍行至宣化府时，突然风雨大作，而边报益急，加上粮饷不继，前锋遭敌击大败。邝埜等群臣诸将多次请求暂停，均被王振等斥退。大军继至阳和见到尸横遍野，更为畏惧。八月初一日，军至大同，王振还想继续前进，经在阳和之战中幸存者郭敬，暗中告知其惨败真相，才开始畏惧，下令后撤。返回途中，大队本应走紫荆关，才方便安全；但是，王振却异想天开地决定绕过紫荆关，而走自己的家乡蔚州，借以炫耀自己。但当大队已走出了四十余里后，王振，因怕人马践踏了自家的庄稼突又反悔。于是，改回原路转走宣化。这样迂回反复，贻误了时机，终于被也先骑兵赶上。

十三日，明军到土木堡（今河北省怀来县官厅水库北岸），距怀来县城只有20里。众人都主张赶到怀来城内。但王振却因自己还有一千多车辎重未到，定要坚持等齐再走。木土堡地处荒滩，水草皆无，掘地二丈余深，还不得水。往南十五里处有河，又已为敌军控制。人马饥渴，束手无策。兵部尚书邝埜深感危险，到行殿力请速行。王振竟怒加训斥；"腐儒知道什么兵事，再妄言必死！"。邝埜辩说："我是为了社稷生灵，为何以死吓我？"王振更怒，竟派人硬是把邝埜驾出行殿。终于大军驻扎在了木土堡。十四日，欲行，敌已逼近，不敢动。人困马乏，正无计施，十五日，也先遣使议和。遂派曹鼐起草敕书，派二通事去议和。敌军也稍后撤，王振急令起营速行，但在回旋间，行伍已乱，南行不到三四里，敌军又四面围攻，明军争相奔逃，势不能止，死伤无数，乱而大败的50万大军，几乎全军覆灭。张辅等数百将士皆战死。英宗被俘，王振被大将樊忠怒极锤杀。只有从臣萧惟祯等数人幸免。这一事件，历史上称为"土木之变"。土木堡之败，充分暴露出以英宗、王振为首的明朝统治集团的腐朽和军队战斗力的衰弱。这一事件，成为明王朝由盛到衰的重大转折点，从此导致了严重的内忧外患。

宁远之战

天启二年（1622年），努尔哈赤亲统八旗劲旅，西征广宁，明军败绩。消息报至明廷，京师戒严，举朝岌岌。明以日讲官孙承宗为兵部尚书兼东阁大学士，管理军事，遴选袁崇焕是一位杰出的将领，可协助他防御后金。

袁崇焕，字元素，广西藤县人。万历四十七年（1619年）进士，为邵武知县。他机敏、胆壮、喜兵、善骑射。天启二年（1622年）正月，他单

骑出阅塞外，巡历关上形势。回京后言："予我军马钱谷，我一人足守此。"袁崇焕的豪言壮语，使同僚们极为赞叹其胆略。二月，明廷授袁崇焕为兵部职方司主事，旋升为山东按察司金事山海监军。

袁崇焕主张积极防御，坚守关外，屏障关内，营筑宁远城，以图大举之计。八月，孙承宗自请督师天启帝赐尚方剑。承宗到达关外后，重用袁崇焕。

天启三年（1623年）秋，孙承宗同意袁崇焕建议，决计戍守宁远。袁崇焕亲自制定营筑宁远城规划，亲自督责。使荒凉凋敝的宁远，立即变成明朝抵御后金南犯的关外重镇。孙承宗与袁崇焕商议，遣将率卒分据锦州、松山、杏山、右屯、大凌河、小凌河，修缮城郭，驻扎军队，进图恢复辽东大计。但是，魏忠贤专权后，阉党凶陷更加嚣张，他们将不肯归附于魏党功高望重的权臣孙承宗罢去。天启五年（1625年）十月，以高第为兵部尚书代为辽东经略，辽东形势急剧逆转。

高第素不知兵，以趋炎附势，投靠阉党魏忠贤而受封疆重任。他畏敌如虎，只图守关，采取了不图进取的消极防御策略。撤锦州、右屯、大凌河及松山、杏山、塔山守具，尽驱屯兵、屯民入关，这种不战而退的策略，使军心涣散，民怨沸腾，哭声震野。宁前道袁崇焕得不到兵部尚书高第的支持，大批兵民撤回关内，袁崇焕铁骨铮铮，不畏强敌，不怕孤立，率领一万余名官兵拒守宁远。

努尔哈赤占领广宁后的几年间，加强整顿内部，训练军队，发展生产，积蓄力量，准备再次进攻明朝。这次得知孙承宗被罢去，高第庸懦，宁远孤城，认为时机已到，决计进攻袁崇焕，夺取宁远城。

天启六年（1626年）正月十四日，后金汗努尔哈赤亲率诸王大臣，统领13万大军，号称20万，向宁远方向推进。十六日到了东昌堡，十七日西渡辽河，八旗军布满辽河平原，旌旗如潮，剑戟似林，凶猛地扑向宁远。

袁崇焕率领士卒仅一万余人，驻守着孤城宁远。城中兵民，在袁崇焕

爱国热忱的激励下，誓与宁远共存亡。袁崇焕在面临十倍于己的强敌，后无援师的情况下，临危不惧，指挥运筹若定。他召集诸将议守城之策：参将祖大寿力主紧关城门，奋力把守，不可与其争锋，避实就虚。诸将和袁崇焕均赞同祖大寿之议。

将士们同仇敌忾，准备迎击努尔哈赤的进犯。

努尔哈赤统率13万大军西渡辽河之后，长驱直入，于二十三日到达宁远城郊。努尔哈赤命令军队远离城五里，横截山海大路，安营扎寨。在宁远城北设大营。他在发起攻城之前，释放被虏汉人回宁远城，劝袁崇焕投降，遭到崇焕严词拒绝。袁崇焕命孙元化、罗立等向宁远城北后金军大营燃放西洋大炮，一炮歼敌数百，迫使努尔哈赤西移大营，并下令准备战具，明日攻城。

二十四日，后金兵发起猛攻。步骑蜂拥至城前，万矢齐射城上，城堞箭镞如雨注。后金军集中攻打城西南隅，左辅率兵坚守，祖大寿率军支援，两支军队发西洋大炮下射，抛矢石、铁铳、后金兵死伤累累，只好移师南面。努尔哈赤命在城门角两台间火力弱处凿城，后金兵冒严寒、顶炮火，用斧凿城不止，明军掷礌石、飞火球，投药罐，炮击不断。后金兵前仆后继，冒死凿城，凿开高二丈余之大洞三四处，宁远城危急。袁崇焕急中生智，缚柴浇油并搀火药，用铁索系下烧之。选50名壮士缒下，以棉花、火药等物烧杀挖城之后金兵。是日，自清晨至深夜，后金兵久攻不下，尸首堆积如山。

二十五日，后金兵再次奋力攻城。城上施放火炮，炮击之处，后金兵死伤一片。后金兵一面继续攻城，一面抢走城下尸体，至城西门外焚化。此日后金兵攻城仍不克，死游击二员，备御二员，兵500。

二十六日，后金兵继续围城，仍久攻不下。又下令武讷格率军履冰渡海，攻觉华岛，杀明将，焚营房，烧民舍以及船只，掠走粮货。

二十七日，努尔哈赤这位久经沙场"战无不胜、攻无不克"的老将，在久攻宁远不克，损兵又折将的情况下，"遂大怀忿恨而回"。后金军全部

回师。袁崇焕守卫宁远城取得辉煌胜利。

宁远之捷,是明朝从抚顺失陷以来取得的第一个大胜仗,也是"辽左发难",八年来第一次击败后金之大进犯。袁崇焕在宁远之战中,立下殊功,理应得到明廷的嘉奖。但是正由于他击败努尔哈赤所取得的奇勋,遭到敌仇所忌,加上后金反间,阉党诬陷和明帝昏暗,使之含冤被磔。

清朝的建立

满洲(辛亥革命后称"满族")是由东北三省地区的女真族发展起来的少数民族政权。明朝初期东北女真人的建州等部迁移到了辽东长城外,他们用马匹、貂皮、人参、珍珠等,同汉族交换铁器、粮食、盐和丝织品,归奴儿干都司管辖。明朝后期建州女真首领努尔哈赤以赫图阿拉(今辽宁新宾老城)为据点,完成了对女真各部的统一。他还筑城池,设大臣,定法律,理诉讼,并创立了"八旗制度"。八旗制度是在女真氏族制基础上发展起来的兵农合一、军政合一的社会组织。旗下成员"出则为兵,入则为民,耕战二事,未尝偏废"。八旗制度促进了女真社会的发展,巩固了努尔哈赤的统治地位。

万历四十四年(1616年),努尔哈赤于赫图阿拉称汗(1616—1626年在位),国号为"金",历史上称为"后金"。此时的后金与明朝不仅在政治上,而且在经济制度上也存在着尖锐的对立。这样,明、金之间的冲突便不可避免地迅速展开。后金为反抗明朝的民族压迫,誓师攻打明朝。从1618年起,努尔哈赤带领后金军队不断进攻辽东的明军。几年之间,夺取了辽东70余城,并迁都辽阳。天启五年(1625年),又迁都沈阳,后称盛京。1626年,努尔哈赤以13万铁骑向辽西大举推进,兵临山海关外的重

镇宁远（今辽宁兴城）。明参将袁崇焕拒绝了弃城退守山海关的命令，率领军民英勇抵抗。努尔哈赤被大炮击伤，退兵辽阳。努尔哈赤不久以后去世，其子皇太极继位。他继续对明展开攻势，并联合蒙古各部，势力不断扩大。崇祯九年（1636年），皇太极在沈阳即皇帝位，改国号为"大清"，改"女真"为"满洲"。"清"与"金"是一音之转，在满语里发音无差别，但这两个汉字写法上却有不同，皇太极改国号为清是为了缓和民族矛盾，减少他入主中原的阻力。

明崇祯十七年（1644年），李自成攻占北京后，驻守山海关的明将吴三桂降清。4月，李自成率大顺军攻山海关。清睿亲王多尔衮令吴三桂领兵迎战。吴三桂倾巢出动，大顺军从两翼包围吴军。双方鏖战至日午，吴军将败，但这时清军铁骑冲杀过来，大顺军遭受夹击，因而失败。吴三桂引导清军穷追不舍。李自成率大顺军撤离北京，祭告天地祖宗，表示他已是全中国的君主。

接着，清军南下剿杀农民军。北方的地主、官僚纷纷迎降，勾结清军，镇压农民军。与此同时，在南方，一些明朝遗臣拥立皇族建立了几个小朝廷，史称南明。南明先后有福王、鲁王、唐王、桂王等政权。最早建立的是福王政权。李自成农民起义军推翻明朝中央政权的消息传到江南以后，明朝陪都南京六部文武大臣决计拥立新君，重建明王朝。顺治元年（1644年）5月15日，史可法、马士英拥立福王朱由崧在南京即皇帝位，建立政府。这个政权控制着农民起义军兵锋未至的江南广大富庶地区，有军队50万，力量相当雄厚。但马士英操纵权柄，排挤史可法，并怂恿皇帝纵情逸乐，不理政事。清兵南下，史可法督师扬州，向朝廷血疏告急，皇帝不应。不久，扬州陷落，史可法殉难。随后，清军渡江占领南京，不久福王被擒，解至北京后被杀。之后，清军大举南下，经过20多年的战争，清军陆续灭掉南明的其他几个小朝廷，基本上统一中国。这样中国古代的最后一个封建王朝清朝就完全确立了对整个中国的统治地位。

康乾盛世

1662年,康熙帝爱新觉罗·玄烨登基。康熙二十一年(1682年)平定了"三藩之乱"。康熙二十二年(1683年)收复了被郑氏盘踞已久的台湾。后来打败了入侵黑龙江流域的沙俄军队,1689年与沙俄签订《尼布楚条约》,从此确立了中国与沙俄在东北的疆界,奠定了中国版图,然后三征噶尔丹并且创立了多伦会盟,巩固了蒙古的稳定,使蒙古成为中国北方的长城。并且协助西藏的达赖七世入藏,加强了对藏区的管理。经济方面,鼓励开荒,减少农民赋税,实行"永不加赋"的税收,促进了农业的发展。

雍正帝在位时期,平定了青海罗卜藏丹津叛乱并设立了军机处。雍正五年(1727年)设置驻藏大臣以管辖西藏事务。并推行改土归流,废除土司;将喀尔喀蒙古并入清朝;与沙俄签订《恰克图条约》。

乾隆帝时期,平定了大小和卓叛乱,乾隆三十六年(1771年)蒙古土尔扈特部回归祖国,统一多民族国家得到巩固。康雍乾时期,经济迅速发展,国力强盛;并且满蒙、满回联系得到加强,稳固了清朝统治。大清帝国达到了全盛时期,也是封建经济的全盛时期,史称"康乾盛世"。

鸦片战争

18世纪末,英国开始对中国实行侵略政策,同时向中国大量输入鸦片。道光十八年(1838年),鸦片输入量已达4万余箱。烟毒在中国泛滥,民气不振,官府腐败,军队失去斗志,白银大量外流。这年12月,道光皇帝任命林则徐为钦差大臣,节制广东水师,前往广州查禁鸦片。

道光十九年(1839年)3月,林则徐到达广州,立即与两广总督邓廷

桢、广东水师提督关天培等商议对策，一面整顿海防，缉拿烟贩；一面通知外国烟贩在三天内将所存烟全部交出，并要求他们出具甘结，保证以后永不携带鸦片来华。否则一经查出，货即没收，人即正法。林则徐还严正宣布："若鸦片一日未绝，本大臣一日不回，誓与此事相始终，断无中止之理！"迫于形势，英、美烟贩被迫陆续交出所存鸦片2万余箱，共计237万斤。6月3日至25日，林则徐将缴获的全部鸦片在虎门海滩当众销毁。8月，虎门销烟的消息传到伦敦后，英国政府上下哗然，10月，正式做出向中国出兵的决定。

道光二十年（1840年）二月，正式任命乔治·懿律为东方远征军总司令，兼谈判全权代表，查理·义律为副代表。是年6月，英军战船18艘抵达广东海面，并在美、法两国支持下，挑起战端，鸦片战争正式爆发。英军首先进犯广州海口，这时林则徐已任两广总督，他制定了以守为战的积极防御战略，认真备战。他相信民心可用，于是招募渔民五六千人编为水勇，并告示民众：英军兵船一进内河，人人可持刀痛杀。英军见广州防备森严，不便进攻，就北犯厦门。这时已调任为闽浙总督的邓廷桢督师迎战，击退英军。于是英军又继续北上，攻陷定海。8月，到达天津大沽口，向清政府递交了英外交大臣巴麦写给清政府的照会，提出鸦片贸易合法化及向清政府提出赔款、割地等要求，并声称如不答应，则"必相战不息"，以武力威胁清政府。

这时以首席军机大臣穆彰阿、直隶总督琦善、两江总督伊里布等为首的弛禁派，借机向道光皇帝进谗言。道光皇帝看到英军来势凶猛，于是发生动摇，指责林则徐禁烟措施失当，并派琦善到天津海口与英军谈判。在谈判过程中，琦善一再妥协，并散布英军船坚炮利，难以取胜的谣言，并说即便今年能把英军击退，明年他们依旧还会来，"边衅一开，兵结莫释"。与此同时还向英人表示，一定替英国惩办林则徐、邓廷桢，只要英军退回广东，一切问题都可在广州谈判解决。在琦善的允诺下，英军同意退回南方交涉。9月，道光皇帝任命琦善为钦差大臣、两广总督，到广州

继续与英军议和。不久，又以"误国病民，办理不善"之名，将林则徐、邓廷桢革职查办。11月29日，琦善到达广州，首先查办了"林则徐禁烟案"，并自动撤防，解散水勇，摆出与英人议和的态势。

道光21年（1811年）1月7日，英军乘琦善解除战备之时，派军舰突然袭击沙角、大角炮台。清军不敌，副将陈连升及其子举鹏、守台张清龄均战死，沙角、大角两座炮台相继陷落。此时，广东巡抚怡良、将军阿精阿、副都统英隆等人都主张立即增兵反击，均遭琦善拒绝。1月25五日，琦善乘船亲自前往狮子洋面与义律会晤于莲花山，全部接受了义律提出的《穿鼻草约》，允割香港，赔烟价60万元，开放广州等。

消息传到北京后，道光皇帝对《穿鼻草约》所提条件不予批准，感到有损尊严，因此又倾向主战。当得知沙角、大角炮台被占的消息后，于1月底决定对英宣战，并派御前大臣奕山为靖逆将军，到广东主持战事。英军闻讯后，在奕山还未到达广州时，就派兵进攻虎门炮台，守将提督关天培率兵坚守，终因寡不敌众，与将士数百人全部殉国，虎门炮台陷落。3月，英军继续发动进攻，占领了离广州城30里的二沙尾炮台，后又攻陷海珠等炮台，此时广州城完全陷于英军的威胁之中。4月，奕山率大军齐集广州，于5月21日怀着侥幸心理派军队夜袭英舰，初获小胜。第二天，英军开始反扑，经过5天激战，城外炮台尽失。27日，奕山竖白旗向英军乞和，并签订了《广州和约》，答应缴赎城费6000万元，一周内交付，清军退出广州城六十英里。道光皇帝听到消息后，借口"准令通商"，批准了《广州和约》。5月底，广州城郊三元里等地民众数万，奋起抗英，迫使英军退回军舰。

这年4月，英国政府接到义律的《穿鼻草约》，认为所得利益太少，不予批准，并决定召回义律，改派璞鼎查为全权公使，扩大对华战争。临行前，英国首相训令璞鼎查，让他到中国后，再占舟山，恫吓清政府。英外交大臣给璞鼎查的训令中指示，只有清政府无条件地接受英国提出的全部要求，签订一个有广泛特权的条约，才能停止军事行动。8月，璞鼎查抵达中国。

这时，清政府对英国调兵遣将扩大战争毫无准备，沿海各省还在继续裁兵撤勇。8月初，两江总督裕谦获知英军准备再度进犯浙江的消息后，奏请朝廷暂缓撤退江、浙两省调防官兵，可是道光皇帝却批驳说："不必为浮言所惑，以致糜饷劳师。"这样当战争爆发后，清军完全处于被动挨打的地位。8月26日英军首先攻陷厦门。后又进攻定海，总兵葛云飞、王锡朋、郑国鸿率领5000守军奋战6昼夜，最后全部牺牲，定海再次失陷。接着，英军进攻镇海，裕谦率军队浴血奋战，终因力战不支，镇海城陷，裕谦投水自尽。不久之后，宁波也失陷，英军在进获浙江的同时，先后两次进攻台湾，遭到当地军民的顽强抵抗，英军被歼俘数百人，只好退却。

在浙江连失三城，清军相继失利的情况下，清政府又急忙派协办大学士奕经为扬威将军，率兵救援浙江，并从江西、湖北、安徽、四川、河南、陕西、甘肃等省调集军队。道光二十二年（1842年）2月，奕经及各省军队陆续到达绍兴前线。在准备不充分的情况下，奕经命令部队从绍兴分兵三路，冒雨向宁波、镇海、定海出发，希望同时收复三城。因事机不

1841年鸦片战争虎门之战期间，英国复仇女神号战舰击毁一艘清朝戎克船

密，英军早有准备，清军大败，奕经撤到广州，从此畏战议和，不敢再战。道光皇帝闻知奕经惨败，从此便停止调兵，一意求和，并派盛京将军耆英带同伊里布到浙江与英军议和，要他们千万不能失去议和的良机。然而，英军对耆英等人的求和活动不予理睬，进一步对清军进行攻击，要彻底压服清政府，不许清政府有讨价还价的余地。5月，英军又攻占了江、浙海防重镇乍浦。6月，英国又从印度派来援兵，进攻长江口吴淞炮台，江南提督陈化成率部奋起抗击，力竭牺牲，上海、宝山相继陷落。而后，英军又进犯镇江，副都统海龄率领军民殊死奋战，重伤英军，最后镇江失守。8月初，英军到达南京江面。29日，耆英与璞鼎查在南京江面英舰皋华号上，按照英国提出的全部条款，签订了中国近代史上第一个不平等条约——《南京条约》，第一次鸦片战争结束。中国的近代历史开始了。

第二次鸦片战争

咸丰四年（1854年），英国公使包令曲解中美《望厦条约》中关于12年后"所有贸易及海面各款，恐不无稍有变通之处"的内容，援引所谓"一体均沾"的条款，向清政府提出全面修约的要求。随后，法国、美国公使也援例向清政府提出相似的修约要求。他们还以协助清政府镇压太平天国为诱饵，以换取权益的扩大。清廷为维持"大国体面"，决定采取"坚守成约"的方针，拒绝了"修约"的要求。英法美未达到目的，便威胁要诉诸武力。但当时英法正与俄国进行克里米亚战争，无力在中国开辟新的战场，美国也因国内局势不稳，不可能发动侵华战争。

两年后，美国驻华公使巴驾联合英法驻华公使，再次提出"修约"要求，但清廷仍坚持原订条件，拒绝全面"修约"。英法美由于外交讹诈失败，决心用武力达到其目的。这时，克里米亚战争以英法获胜而结束，于

是便积极准备发动新的侵华战争。

为了诉诸武力，强迫清政府就范，英国蓄意制造了一起所谓"亚罗号事件"，并以此为借口，于咸丰六年（1856年）10月，在海军头目西马縻各厘指挥下英国军舰向广州进犯，挑起第二次鸦片战争。英军攻占了珠江沿岸的一系列炮台，并一度攻入广州城。中国军民奋起反击，放火烧毁了城郊十三洋行商馆，迫使英军退出广州，全部逃回船上。次年，英国政府派遣额尔金为全权专使，率领英军到中国进行战争讹诈，并且照会法美俄等国，约其联合出兵，迫使清政府签订新的不平等条约。法国欣然接受其约，并以所谓"马神甫事件"为借口，打着"为保卫圣教而战"的旗号，任命葛罗男爵为特命全权专使，率领一支法国远征军，继英军之后来华。美、俄也分别派遣公使列卫廉和普提雅廷到中国，与英法策划"联合行动"。

英军在入侵广州失败后，于第二年底又联合法军再犯广州。两广总督叶名琛在清廷"息兵为要"的方针指导下，既不做应敌的准备，也不准广州军民抵抗。结果英法联军只用两天，就占领了广州。叶名琛被俘，押往印度加尔各答，次年在囚禁中毙命。面对联军进攻，广州将军穆克德纳，广东巡抚柏贵竖起白旗投降。联军入城后，烧杀抢掠，无恶不作。并组成以巴夏礼为首的"联军委员会"，对广州实行殖民统治的"军事管制"。柏贵等在英法联军的监督下继续"任职"，成为中国近代史上第一个地方傀儡政权。

咸丰八年（1858年）2月，英、法、美、俄公使分别照会清政府，要求于3月底以前派全权代表到上海谈判，否则即向白河口进发。其要求又遭到清廷拒绝，四国公使便决计率领由香港集中到上海的英舰10余艘，法舰6艘、俄舰1艘，分批北上。4月20日，英、法、美、俄四国公使会集白河口外，几天后，分别照会清政府，要求派全权大臣在北京或天津举行谈判。英法公使限令6日内答复，否则即采取军事行动。美俄公使则打出"调停"的旗号，劝告清政府尽快会谈。与此同时，联军舰队陆续驶抵大沽口，做了进攻大沽炮台的各种准备。

清廷接到四国照会后，咸丰帝令谭廷襄与其谈判，要求英法美公使返

回广东,听候黄宗汉办理,俄公使则仍到黑龙江等处会办。英法借口谭廷襄非全权大臣,拒绝谈判。美俄公使则假充"调停人"单独和谭廷襄周旋,麻痹清政府。英法联军在美俄掩护下,做好一切战争准备,并于5月20日对大沽炮台发动突然袭击。驻守炮台的官兵奋起抵抗,由于直隶总督谭廷襄等文武官员带头逃跑,使得大沽炮台很快失陷。英法联军占领大沽炮台,直犯天津,并扬言要进攻北京。清政府惊慌失措,急忙派全权大臣桂良和花沙纳赶赴天津议和。桂良等与四国代表进行了多次交涉。在英法代表蛮横要挟下,桂良等被迫接受了全部要求,分别于6月26日和27日签订了中英《天津条约》和中法《天津条约》。条约的主要内容是:公使常驻北京;增开牛庄(今营口)、登州(今烟台)、台湾(今台南)、淡水、潮州(今汕头)、琼州、汉口、九江、南京、镇江为通商口岸;扩大领事裁判权;对英赔款四百万两、对法赔款二百万两;修改税则,等等。条约规定第二年在北京交换批准书。

当桂良等与英法代表谈判时,美俄公使假演"调停者"的角色,玩弄阴谋诡计,竟抢在英法之前,诱逼清廷分别于6月13日和18日签订了中俄《天津条约》和中美《天津条约》。在中俄《天津条约》签订前半个月,黑龙江将军奕山在沙俄武力威胁下与西伯利亚总督穆拉维约夫签订了《瑷珲条约》。沙俄侵吞了中国黑龙江北岸、外兴安岭以南60多万平方公里的领土。同年11月,桂良、花沙纳又在上海同英法美三国分别签订了《通商章程善后条约》及《海关税则》,作为《天津条约》的补充。

咸丰九年(1859年)6月,英国公使普鲁斯,法国公使布尔布隆各率一支舰队北上大沽口,准备进京换约。清政府指定换约代表由北塘登陆经天津至北京,并要求换约代表不得携带武器,各兵船武装人员不得登陆。而英法公使却仗恃武力,坚持要从大沽口溯白河进京,蓄意利用换约时机,重新挑起战争,向清廷索取更多的权益。25日,英法兵舰突然炮轰大沽炮台,守军奋起迎击获胜,英舰司令贺布受伤,击沉击伤联军兵舰10余艘,伤毙敌兵400多人,英法舰队在美舰支援下撤走。不久之后,英法两国政府分别再

次任命额尔金、葛罗为特命全权代表，以陆军中将格兰特和孟托班为英法远征军总司令，组织一支新的联军2万余人，于咸丰十年（1850年）春开始第三次北犯。先后占领了舟山、大连湾、烟台。7月联军再次闯入大沽口。由于北塘守军毫无戒备，联军顺利登陆北塘。而后，清军又在新河、军粮城、唐儿沽（今塘沽）节节败退，大沽炮台失陷，联军长驱直入，占领天津。

联军占领大沽炮台后，咸丰帝极度惊恐，急派桂良为钦差大臣赶赴天津，会同直隶总督恒福向英法联军乞和，因联军索需苛重，天津、通州谈判相继破裂。于是联军又进攻通向北京的要隘张家湾、八里桥，清军先后败绩。消息传到北京，清廷极为震惊，咸丰帝命其弟恭亲王奕䜣为钦差大臣留守北京"督办和局"，自己却于9月22日带着皇妃等人逃奔热河。

10月5日，北京附近海淀失陷。英法联军将圆明园内的宝藏洗劫一空，最后又纵火焚烧。火势延续三昼夜，罕世名园成了一片焦土。

10月13日，北京被联军占领。奕䜣按着咸丰皇帝"委曲将就，以其保全大局"的谕旨，屈膝求和，于10月下旬，与英法交换了《天津条约》批准书，全部接受了《天津条约》的侵略要求，而且还订立了《北京条约》。《北京条约》除承认《天津条约》有效外，还增加了几项内容：开天津为商埠，准许华工出国；割九龙司给英国；将以前被充公的天主教产赔还；准许"法国传教士在各省租买田地，建造自便"；把《天津条约》中规定的对英法的赔款各增加为800万两；"恤金"，英国50万两，法国20万两。

沙俄借口"调停"有功，要求订立新约。同年11月，清政府又被迫订立了中俄《北京条约》，沙俄再次割去中国大片领土和攫取更多特权。美国虽未与清政府签订新约，但根据"一体均沾"的条款，同样可以享受英法俄所攫取的特权。同月，侵略军陆续撤离北京，第二次鸦片战争结束。中国半封建半殖民地社会的程度加深了。

洋务运动

19世纪60至90年代,清政府在太平天国和捻军农民起义的打击下,又在第二次鸦片战争中再次被外国侵略者打败。面对这种形势,封建统治阶级营垒中的一些有识之士,如:在中央官吏中以总理衙门大臣奕䜣、大学士桂良、户部侍郎文祥等为代表,在地方官吏中以两江总督曾国藩、闽浙总督左宗棠、直隶总督李鸿章以及后起的湖广总督张之洞等为代表,他们感受到外国的"船坚炮利",从而意识到无论拯救民族危亡,还是维护自身统治,都不能再固守陈腐的"祖宗之法",唯一的办法是向西方学习,引进先进的生产方式和物质文明;他们还继承了林则徐、魏源的"师夷长技以制夷"的思想,这就形成了以拯救清王朝封建统治、御侮自强为目的,以引进西方先进的生产技术为主要内容,以"中学为体,西学为用"为宗旨的向西方学习的潮流,史称"洋务运动",旧称"同光新政"(意即同治、光绪年间举办的"新政",又称"自强新政")。

洋务运动初期,是在"自强"的口号下筹建近代军事工业和编练新式海军,咸丰十一年(1861年)底,曾国藩在安庆设立"内军械所""制造洋枪洋炮,广储平实",是洋务派兴办军事工业的起点。同治三年(1864年),安庆内军械所随军迁到南京。安庆内军械所虽然是以手工业制造为主,但却是当时清军的一大武器供应中心。

同治四年(1865年)6月,曾国藩、李鸿章在安庆内军械所和上海、苏州洋炮局的物力、人力和技术经验的基础上,收买了美国人在上海虹口地区创办的旗记铁厂一座,又将容闳从美国购买的"制器之器"一并归入,正式成立"江南机器制造总局",简称"江南制造局""上海制造局""沪局"。该局由原旗记工厂主科尔任制造技术指导,其一切事宜最初由上海海关道日昌督察筹划,后又任命湖北补用道沈保靖督办。创办经费用银20余万两。同治六年(1867年)江南制造局因厂地狭窄,由虹口移

至上海城南高昌庙镇，进行扩建，到光绪十九年（1893年），共建成工厂15个，增设方言馆、炮队营、工程处、翻译馆各1个及各种附设机构10多个。建置经费先后用银200万两。江南制造局从事军火生产、轮船修造、机器制造、科技书籍的翻译和培养外语人才。所制造的枪炮、弹药，供应南北驻军，"遍及全国，共达七八十个单位"（主要是湘、淮军）。

同治四年（1865年），李鸿章将由马格里主办的苏州洋炮局移设南京雨花台，扩建为金陵制造局，简称"宁局"，主要生产枪、炮、子弹和军用物资。到19世纪80年代上半期，已有工厂10余座，用银50余万两，所造之枪炮弹药主要供应南北洋驻军。同治五年（1866年），左宗棠在福州创办船政局，后由沈葆桢接办。船政局由铁厂、船厂和学堂三部分组成。初由法国人日意格和德克碑任正副监督，雇用工人1700至2000人。原计划5年内造船16艘，创办经费40余万两银，每月造船经费53两银。同治八年（1869年）开始生产，到同治十三年（1874年）共造船15艘，这时船政局共有工厂16座，船台3座，先后用银达135万两。光绪元年（1875年）船政局由艺局学生主持接办，开始仿造旧式木船。从光绪二年（1876年）起，造750匹马力的新式机器铁胁轮船，光绪七年（1881年）为南洋水师造三艘2400匹马力、排水量为2200吨的巡洋快船。同治六年（1867年），恭亲王奕䜣奏准，由三口通商大臣崇厚在天津办"天津军火机器局"，同治九年（1870年）由直隶总督李鸿章接办，改称天津机器制造局，简称"津局"。不久，李鸿章将洋总办密妥士免职，另委沈保靖为总办。天津机器局主要生产火药、枪炮、子弹，供应淮军和直隶用练军。到19世纪80年代上半期，先后共用银110余万两。

在同一时期内，各地还设立许多军火工厂，"惟一省仿造，究不能敷各省之用"，到光绪十年（1884年）为止，清政府先后设厂局20所，除江南制造局停办外，其余19所分布在全国12个省区。19世纪从60到90年代这30多年中，洋务派创办军事工业，共用银4500万两，均由国库支出；所有局厂一律归官办；生产的枪炮弹药和轮船均由清政府调拨发给湘、淮

65

军和沿海各省使用；每个厂局均有成群的官吏，机构庞大，洋务派创办洋务首先聘请洋员。

在洋务运动中，洋务派也筹建新式海军。咸丰十一年（1861年），恭亲王奕䜣请英人"协助购买欧洲造战舰"。

同治元年（1862年），两广总督苏崇光与英人议定，向英国购买兵船。同治二年（1863年），一支包括大小船只8艘的舰队，由英国海军军官率领到达上海，由于英国人强夺中国海军的指挥权，清政府拒绝接受，这支舰队被遣散。清政府先后用银160余万两的筹建海军活动失败。同治五年（1866年），清政府批准了左宗棠的"设局监造轮船"的建议，决定江南制造局、福州船政局各以造船为重点，仿照西方制造兵船，以装备海军。同治十年（1871年），两厂分别造出"惠吉""测海""操江""万年青""福星"等兵船数艘。同治十三年（1874年），丁日昌提议建立北洋、东洋、南洋三支水师。光绪元年（1875年），由两江总督沈葆桢、直隶总督李鸿章等人倡议，经总理衙门准，拨银400万两作为筹办海军军费，准备在10年内建成南、北、粤洋三支海军，后由于财力有限，决定"先就北洋创设水师一军"，沈葆桢死后，海军大权集于李鸿章一身，他在天津设水师营务处，处理海军事务；又于光绪六年（1880年）在天津设立水师学堂，训练北洋系海军军官。同时又用银300万两，从德国购买"定远""镇远"两只铁甲舰。

光绪七年（1881年），李鸿章派丁汝昌统领北洋海军。光绪十年（1884年），三洋海军初具规模，南洋海军约有军舰19艘，北洋海军约有军舰15艘，福建海军约有军舰11艘；6月，中法战争爆发，8月，法国远东舰队击毁了福建海军全部舰船，并摧毁福州船政局，南洋海军也受到损失，只有李鸿章的北洋海军保存了实力。李鸿章又向英国订购了"致远""靖远"和从德国购进"经远""来远"等舰，北洋海军实力增强。在这前后，李鸿章又修建了大沽、旅顺船坞，为修理铁甲舰之用。光绪十四年（1888年），北洋海军正式成军，丁汝昌任海军提督，拥有军舰22艘。军事训练由英、德国人操纵。光绪二十年（1894年），北洋海军在中日甲午战争中全军覆灭，结束了北洋海军的历史。

洋务派在开办军事工业的活动中，需要巨额经费，使他们感到"百方罗掘，仍不足用"，认为外国资本主义以工商致富，由富而强，认为"求富"是"求强"的先决条件，因此，洋务派仿照西方，开展了建立民用工业的"求富"活动，借以达到"兴商务，浚饷源，图自强"的目的。

从19世纪70年代开始，洋务派采取了官办、官督商办和官商合办的形式，创办民用工业，包括采矿、冶炼、纺织、交通运输等，到19世纪90年代中期，共创办了几十个企业。

同治十一年（1872年），李鸿章派漕运委员朱其昂创办轮船招商局，这是洋务派创办民用工业的开端。轮船招商局共招商股73万两银，海关拨官款190多万两银，官督商办。总局设在上海，在上海天津等地设码头，代政府运漕米等。光绪二年（1876年），李鸿章派唐廷枢筹办开平矿务局，光绪三年（1877年）在开平正式创立，招商股80多万两银，官督商办。光绪四年（1878年）开井，次年使用外国机器，按新式方法开采。光绪七年（1881年），开平矿务局每日出煤"五六百吨之多"。10余年后，开采量增加，每日"可出煤一二千吨"，且"煤质极佳，甲于地处"。光绪五年（1879年），李鸿章在大沽和北塘海口炮台试架设电报到天津，"号令各

定远铁甲舰是当时北洋主力舰，也是亚洲少见的铁甲巨舰之一

营,顷刻响应"。光绪六年（1880年），李鸿章在天津设电报总局，由盛宣怀任总办。电报线由天津沿运河南下至上海等地，以后又架设了上海至南京及南京至汉口的线路。光绪七年（1881年）成立黑龙江漠河金矿，商股7万两银，官款13万两银，官督商办，李鸿章派吉林候补知府李金镛办理。光绪八年（1882年），电报局改为官督商办，招商股80万元。光绪十年（1884年），电报总局迁往上海，并在各地设电报分局。光绪十六年（1890年），即电报总局成立十周年时，电报线已遍布全国各地。光绪十五年（1889年），用新式机器开采，这一年产金18961两。同年两广总督张之洞主持兴办汉阳铁厂，由清政府拨款200万两银作资金。光绪十六年（1890年），在大别山下动工兴建，光绪十九年（1893年）完工，共建10厂。官办无款可等，后由盛宣怀接手，改为官督商办。光绪二年（1876年），李鸿章和两江总督沈葆桢开始议办上海机器织布局，光绪五年（1879年）派郑观应筹办，光绪八年（1882年）成立。招商股银达50万两，采取官商合办形式。该局享有10年专利，不许民间仿办。光绪十六年（1890年）开工，营业兴隆。光绪十九年（1893年年）失火，损失70多万两银。光绪二十年（1894年）又设华盛纺织总厂，下设10个分厂。

洋务派在19世纪70年代后的20多年里，先后创办了41个资本主义性质的企业，到光绪二十年（1894年）尚存30个，共计资本约计3900万两银。这是中国早期的官僚资本。

此外，洋务派从同治元年（1862年）起，先后设立京师同文馆、上海方言馆、福建船政学堂和天津水师学堂等20多所近代学校，培养外语和近代科技人才。从同治十一年（1872年）至光绪十二年（1886年），清政府还向欧美国家派遣近200名留学生。

随着北洋海军在中日甲午战争中的惨败，洋务运动也宣告破产。

戊戌变法

甲午战争后，中国民族资产阶级逐渐形成了一股政治力量，资产阶级改良主义思想迅速发展，从而酝酿成一场变法维新的政治运动。

光绪十四年（1888年），康有为到北京参加顺乡试，在京期间，他第一次上书光绪皇帝，请求朝廷批准，实行变法维新，提出了"变成法，通下情，慎左右"这一挽救民族危亡的政治主张。由于当政大臣的阻挠，此书没有送到皇帝手中。两年后，康有为回到广州，开始招收学生讲学，后来正式设立"万木草堂"学馆，宣传变法维新的思想，康有为变法维新的思想体系也渐趋成熟。在这里听讲的有他的弟子梁启超、徐勤等人。在讲学的同时，康有为先后撰写出《新学伪经考》《孔子改制考》等著作，为变法做了思想准备。

光绪二十一年（1895年）五月，康有为和梁启超联络18省在京应试的1300多个举人，联名上书光绪帝。他们于5月2日齐集都察院门前，请愿上书，反对《马关条约》的签订，提出"拒绝议和，迁都抗战，变法图强"的主张，此举史称"公车上书"。上书虽未到达光绪皇帝之手，却引起朝野各界巨大震动，这是资产阶级改良思潮发展成政治运动的起点。

"公车上书"后，康有为中进士，授职工部主事。是年6月，他又第三次上书光绪皇帝，得到光绪帝的赞同；7月，康有为和梁启超主办《万国公报》（后改为《中外纪闻》），日印1000份，一个月后，增至日印3000份，这是改良派在维新运动中创办的第一份报纸；同年8月，康、梁又联合帝党官员侍读学士文廷式，在北京组织了强学会，推陈炽为提调、梁启超为书记员。强学会吸引了许多知识分子，又得到帝党官员翁同龢等人的支持，发展很快。同年10月，康有为又到上海组织强学会，吸收了章炳麟等人入会，并出版《强学报》。强学会由北京发展到上海，声势愈大，愈引起顽固派的憎恨。次年,强学会和《中外纪闻》被查封。光绪二十二年(1896年)8月,维新派又在上海创办《时务报》,由梁启超任主笔。梁启超写的《变法通义》,在该报上连载,阐述了变法的必要性。上海的《时务报》和严复在天津创办的《国闻报》居于南北舆论界的领导地位。严复并译述《天演论》,介绍西方进化论学说,推动了变法运动的发展。《时务报》在几个月之内,发行额达到一万多份,风靡全国。第二年,湖南成立"时务学堂",培养变法人才,梁启超应聘任中学总教习,谭嗣同也经常在学堂讲学,并发表《仁学》一书,批判了封建君主专制制度和封建伦理道德,主张冲破封建主义的一切罗网。光绪二十四年(1898年)春,谭嗣同等人又在长沙创同学会,湖南成为不断推动变法运动走向高潮的又一个中心。从此维新派在全国许多省份的活动迅速展开。

维新运动的迅猛高涨,变法思想的广泛传播,同统治阶层发生尖锐矛盾,在清政府中掌握实权的顽固派,形成了以慈禧为首的"后党",对变法维新的思想和活动发动还击。改良派与顽固派围绕三个问题进行了论战:一是要不要变法,要不要改变封建君主专制制度;二是要不要兴民权、设议院、实行君主立宪;三是要不要废除八股取士的科举制度,要不要提倡新学、提倡西学的问题。这场论战,推动了维新运动变法向前发展。

光绪二十三年(1897年)11月,德国出兵强占胶州湾,俄国派舰队占领旅顺、大连。改良派抓住这个时机,把救亡图存的维新运动推向一个新高潮。同年12月,康有为从上海到北京,向光绪皇帝第五次上书,提出若不及时变法,将会面临外国侵略者的"瓜分豆剖",人民也会"揭竿斩木"起来反抗,并提出了救亡的上、中、下三策。上策是"采法俄、日以定国是,愿皇上以俄国大彼得之心为心法,以日本明治之政为政法",即全面实行变法;中策是精选有才能的官员,听取他们关于变法的意见,谋议既定,决策施行;下策是朝廷通令各省督抚,根据各省的不同情况,实行变法。康有为认为:三策中间,能行上策,可以自强;能行中策,也可以保持一个弱国的地位;仅行下策,或者不至于全部沦亡。这次上书虽

未及时送到光绪皇帝面前,却在全国广为流传,产生了巨大影响。于是光绪皇帝命李鸿章、翁同龢、荣禄等人召见康有为问话,康有为陈述了变法的意见,并批驳了荣禄"祖宗之法不能变"的顽固思想和李鸿章"维持现状"的保守思想。随后,康有为又呈递了上清帝的第六书,也就是《应诏统筹全局折》,提出了全面变法的三条根本办法:第一条"大誓群臣惟革命旧维新";第二条"开制度局于宫中,将一切政事重新商定";第三条在午门设立"待治所",派御使为监收,许天下人上书。

光绪二十四年(1898年)2月,康有为向皇帝第七次上书《俄彼得变政记》,并附奏折,再次要求实行变法。光绪皇帝看到康有为的这些奏折,对康有为的变法主张越来越加以重视,维新运动开始与光绪皇帝结合起来。

在康有为连续上书的同时,改良派和各省在京的人士纷纷组织学会,号召推行新政。4月,康有为等人在各学会的基础上呈进,扩大成立"保国会",会章提出:"保国、保种、保教"三项宗旨,并规定在北京、上海两地设立总会,各省各县设立分会。"保国会"实际上是一个维新派的具有全国性的政党的雏形。不久,保浙会、保川会、保滇会等又相继成立。

6月21日,光绪皇帝颁布《明定国是》上谕,下诏变法。光绪皇帝在宣布变法后的第五天,召见康有为,授予他"总理衙门章京上行走",允其专折奏事;7月3日,光绪帝又破例召见只有举人身份的梁启超,赏他六品衔,办理译书局事务;9月5日,光绪帝任命谭嗣同、杨锐、刘光第、林旭等四人为军机处章京,赏四品衔,参与新政。改良派同光绪帝进一步接近,纷纷上奏折,递条陈,提出许多新政建议。光绪皇帝把其中认为可以采纳的作为诏书,谕令颁布。在103天维新变法时间内,共颁布诏令100多种,其中重要的有:振兴农工商业,设立工商局,设立路矿总局,办邮政,改划财政,编制国家预算;裁汰冗员,取消重叠的行政机构,允许官民上书言事,取消旗人由国家供养的特权,许自谋生计;裁汰绿营,训练陆海军,各省军队均改用洋枪、洋操,许私人办兵工厂;废八股取士制度,改试策论,广设新学堂,提倡西学,在北京设京师大学堂,设译书

局，许民间创办报馆等。然而顽固派却用各种方式阻挠新政的推行。后党和帝党的斗争日益激化。在《明定国是》诏书颁布后不久，以慈禧为首的后党，连续采取措施，恐吓和防范光绪和维新派。先是突然免去翁同龢一切职务，勒令回籍；然后令新授二品以上文武大臣到慈禧面前谢恩；继而又任命荣禄为直隶总督，统率北洋三军。光绪帝感到事态严重，又亟谋对策。9月21日，慈禧发动戊戌政变，宣布自己重新"亲政"，软禁光绪，除京师大学堂外百日维新期间的所有新政全部废除，并下令速扑，杀害维新派人士。康有为、梁启超先后逃往香港和日本。9月28日，谭嗣同、杨锐、林旭、刘光第、康广仁、杨深秀等六人被杀害，时人称之为"戊戌六君子"。戊戌变法运动失败。

八国联军侵华及清朝的覆灭

清光绪二十五年至二十六年（1899—1900），在中国北方爆发了大规模的义和团反帝爱国运动，波及全国，西方列强见清政府镇压无效，极其恐慌，从光绪二十六年（1900年）开始，用各种手段不断恐吓清政府，一步步加紧对中国的侵略。各国外交使团先是警告清政府，必须明令禁止义和团的活动，否则各国政府将采取"必要手段"保护外侨生命财产。随后，英、美、德、法四国公使又照会总署，要求清政府两月内"剿灭"义和团，否则将出兵"代剿"。随后，英、美、德、意、法、俄军舰在大沽口外举行联合示威。5月21日，外交团照会总署，勒令清廷将参加习拳，传布揭贴恐吓外人者，一律查办；将拳众聚会之住处屋主，一并收监；将查办拳众不利之员，一律惩办；将为首焚杀之拳众，一并正法；将纵拳助拳之人尽行诛戮；直隶与邻省有拳团之处，地方官出示严禁。否则各国将自行调兵办理。28日，公使团议定调兵来京，武装干涉义和团运动。31日，美、英、法、意、

日、俄六国公使借口"保卫使馆",调兵 300 多人侵入北京。随后,德、奥又派军队 80 名侵入北京,进驻东交民巷各使馆,建筑工事,枪击义和团民。俄、英、德、日、美、法、意兵船 24 艘停在渤海湾和大沽口外示威,并派一部分军队在大沽口强行登陆,进驻天津租界。

6 月 10 日,英、美、德、法、俄、日、意、奥等组成八国联军,在英国海军中将西摩尔的率领下,乘火车由天津向北京进犯。为阻挡八国联军进犯,义和团和清军拆毁了通往北京的铁轨,沿途阻击敌人,使联军三天才走了 130 里。在落垡和廊坊,义和团在董福祥的甘军配合下给八国联军以重创,联军"进京之路,水陆俱穷"。义和团迫使联军逃往杨村,又向天津方向节节败退。沿途又遭到团民袭击,在西沽武库又被清军和义和团层层包围。直到 26 日,才在大队援兵解围之下回到天津租界。在西摩尔联军进犯期间,北京的联军经常开枪射杀义和团民和普通群众。6 月 14 日下午,德国公使克林德带领一排德国兵外出,命令士兵开枪,打死正在练武的团民约 20 人。当西摩尔联军在廊坊车站受阻时,沙俄海军中将基利杰勃兰特与各国海军头目合谋夺取大沽炮台,作为大举进攻中国的滩头阵地。16 日下午,联军向大沽炮台守将提督罗荣光发出最后通牒,限于 17 日午夜二时前交出炮台,被罗荣光断然拒绝。于是,联军先于通牒限定时间袭击大沽炮台,正式挑起了八国联军大举入侵中国的战争。罗荣光率领将士与敌激战 6 小时,毙伤敌军 130 余人,击伤敌舰六艘。但是罗荣光孤军无援、腹背受敌,导致大沽口三个炮台失守。随后,联军从大沽登陆,强占了塘沽等地。经过三天的烧杀,塘沽变成一片废墟。清政府于 6 月 21 日颁布谕旨向联军宣战。大沽失守后,义和团和清军开始了天津保卫战,在老龙头火车站、紫竹林租界地等处与联军展开浴血奋战。6 月 30 日从大沽登陆的联军增至 18000 多人,其中日、俄军队最多。7 月 9 日,联军在天津城南发起总攻。直隶提督聂士成率部 4000 多人,在城南八里台与敌遭遇。聂士成冒着枪林弹雨,一马当先迎战来犯之敌,聂士成中炮,腹裂肠出,壮烈牺牲。7 月 14 日天津失陷。八国联军在天津城内抢劫、纵火

与屠杀，致使天津"积尸数里，高数丈"，河上浮尸"阻塞河流"。官署、钱庄、商店、工厂、仓库、民宅均被抢劫一空。7月22日，由列强主持的天津都统衙门成立，对天津、静海、宁河等地实行殖民统治。沙俄率先在占领区成立俄租界，各国纷起效仿，已占有租界的英、法、日、德则扩大地盘；未占有租界的意、比、奥也各占一块，形成列强分割天津的局面。

八国联军占领天津后，兵力增至2万人，8月4日自天津沿运河两岸分兵两路向北京大举进攻。两天后，直隶提督裕禄在杨村兵败自杀。

影响近代中国与清朝后期的慈禧太后像

清政府不但不全力抵抗，反而于7日任命李鸿章为议和大臣，乞求停战，但联军对此置之不理。8日李东衡率领的"勤王军"，在京津之间的河西务一触即溃，退走通州张家湾，李服毒自杀。13日，八国联军攻占通州。次日，英国攻破广渠门，北京陷落了。慈禧太后携带光绪帝和皇室成员仓皇出京，逃往西安。途中派奕劻和李鸿章为全权大臣，向联军乞和。

八国联军攻陷北京时，部分爱国清军和义和团同联军展开了激烈巷战。在北京保卫战中毙伤侵略军400余人，清军也有640多人战死。八国联军在北京进行疯狂的烧杀抢掠，繁华的街市成为废墟，成群的居民被集体射杀。北京"自元明以来之积蓄，上自典章文物，下至国宝奇珍，扫地遂尽"，所失"已数十万万不止"。联军占领北京后，将全城分为英、日、俄、美、法、意等几个占领区。为镇压当地居民，美占区成立了"协巡公所"、日占区设立"安民公所"、英占区设立"保卫公所"、德占区设立

"华捕局",等等。八月德国陆军元帅瓦德西率2万名德军来华,九月瓦德西任联军统帅,10月25日瓦德西到京,八国联军增至10万人。12月10日,联军设立"北京管理委员会",对北京实行殖民统治。联军还四处攻掠,北犯张家口,东占山海关,南侵保定、正定,俄国在参加八国联军侵略京、津的同时,还单独出兵占领了东北三省。

在八国联军的一再逼迫下,清政府不得不派全权代表奕劻、李鸿章与英、美、俄、德、日、奥、法、意、西、荷、比等11国在北京签订了《辛丑条约》,以屈辱、赔款等条件与联军议和。

清朝统治日益腐败,致使资产阶级革命派在各地组织反清团体,主张暴力推翻清朝。其中,孙中山早在1894年就在檀香山成立"兴中会",开始了"驱除鞑虏、恢复中华、建立民国、平均地权"的革命。1905年,孙团结世界各地的革命力量,成立了中国同盟会。1911年,武昌起义爆发,仅仅2个月,全国就有18个省宣布独立并支持革命,清朝的统治土崩瓦解。1912年1月1日,中华民国临时政府在南京宣告成立。2月12日,宣统帝被迫退位,清朝灭亡。这也标志着我国两千多年的封建统治终结了。

大尼泰陰
暗人造細路
歸鞍草聳
綠葉恰好
橫紅藪林底
成蹊小徑根著
色肥涼雲開試蔫
東家欲沾衣更雜鳩
初排花深蝶故飛
吳歷

中国近现代史（一）

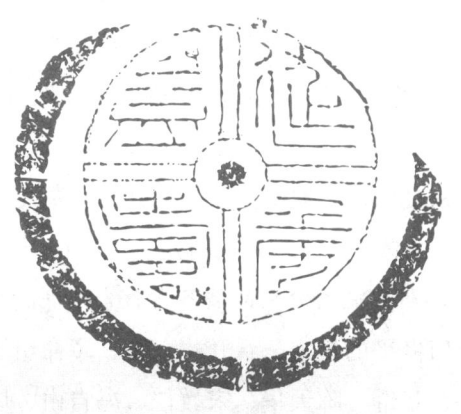

中国同盟会成立

20世纪初,各种反清的革命小团体在国内纷纷建立起来。这些革命小团体,大多都互不联合,各自为政,缺乏明确而完备的纲领,没有严密的组织。为了便于"召集同志,合成大团,以图早日发动",完成革命任务,革命党人已经意识到必须将这些分散的、带有地方性的革命力量尽量联合起来,组成一个全国性的统一的革命组织。

光绪三十一年(1905年)夏,孙中山由欧洲前往日本。这时的日本东京,已成为中国留日学生从事反清斗争的活动中心,华兴会、光复会、科学补习所等革命团体的一些领导和骨干分子,如黄兴、刘揆一、宋教仁、陈天华等,也先后来到这里。

7月19日,孙中山到达日本后,经日本友人宫崎寅藏介绍,孙中山认识了华兴会领袖黄兴。孙中山建议兴中会与华兴会联合,共同致力革命,对此黄兴欣然应允。孙中山又约华兴会的重要骨干宋教仁、陈天华在《20世纪之支那》杂志社会面。会见时,孙中山着重强调建立统一的革命组织的重要性,指出"现今之主义,总以互相联络为要",而不相联络,各自起事,单独行动,"各国乘而干涉之,则中国必亡无疑矣"。

经过孙中山的积极活动,他所提出的建立统一革命组织的设想,得到了在日本的各革命小团体中大多数人的肯定。

30日,孙中山和黄兴派人分头邀请各省有志革命的留日学生,到东京赤坂区桧町三番内田良平的住宅,召开建立统一革命组织的筹备会。到会的有孙中山、黄兴、张继、陈天华、宋教仁、冯自由、居正、胡毅生、曹亚伯、朱执信、宫崎寅藏、内田良平等70余人,包括除甘肃以外的国内17个省的留学生。会上,孙中山被推为会议主席,并用了一个小时演讲革

命的道理、革命的形势和革命的方法。接着黄兴等也相继发表演说，说明革命后如何普及教育、如何振兴实业、如何整理内政、如何修睦外交。他们的演讲得到与会者的赞同。在讨论统一后的革命组织的名称时，孙中山提议为"中国革命同盟会"，有人则主张用"对满同盟会"。对此孙中山做了阐述，他认为革命的目的并不专在排满，还要废除封建专制制度，建立共和国。还有人建议，这是个秘密组织，不应明用"革命"二字。经过大家反复讨论，最后定名为"中国同盟会"。在讨论宗旨时，孙中山提议以"驱除鞑虏，恢复中华，创立民国，平均地权"十六字作为同盟会的革命宗旨。但有人对"平均地权"表示疑义，要求取消。孙中山当即例举世界革命发展的趋势和社会民生问题的重要性，说明平均地权就是解决社会民生的第一步方法，并指出，作为世界最新的革命党，应高瞻远瞩，不仅仅只去解决种族、政治这两大问题，还应将最大困难的社会问题连带一起解决，才可建设一个世界上最良最善的富强国家。孙中山解释完，众人鼓掌表示赞同。于是同盟会宗旨获会议通过。接着，黄兴提议，与会者签订盟书。于是，每人抄写一份，由孙中山带着大家举右手宣誓。誓词是："当天发誓，驱除鞑虏，恢复中华，创建民国，平均地权。矢信矢忠，有始有卒，有渝此盟，任众处罚。"宣誓后，孙中山又到隔壁一屋，分别传授同志相见的握手暗语和三种秘密口号。随后，孙中山与各会员一一握手，并祝贺说："为君等庆贺，自今日起，君等已非清朝人矣！"会议最后推举黄兴、陈天华、马君武等八人起草同盟会章程，准备召开成立大会。

经过20天的筹备，8月20日下午2时，在东京赤坂区灵南坂阪本金弥住宅内举行了同盟会的正式成立大会。出席会员有100多人。会上，首先由黄兴宣读了同盟会章程草案30条。这个章程明确规定："本会以驱除鞑虏，恢复中华，创立民国，平均地权为宗旨。"设本部在东京。本部机构根据三权分立原则，在总理之下设执行、评议、司法三部。执行部权力最重，由总理直接领导，内分庶务、内务、外务、书记、会议、调查6科。在这6科中，又以庶务科最为重要，如总理不在本部，"庶务"可代行总理职权。另外在评议部里,设有评议长和评议员;在司法部里,设有判事长、判事和检事长。同盟会章程还规定在国内外分设9个支部,接受东京本部的领导。国内有东、南、西、北、中5个支部,国外有南洋支部、美洲支部、欧洲支部、檀岛支部。支部之下还设立各省区的分会。这个章程草案经过讨论修改,被大会通过。接着,在黄兴的倡议下,选举了孙中山为同盟会总理。会上又根据会章选举了同盟会各部职员,黄兴当选为执行部庶务,协助总理处理本部工作;汪精卫被推选为评议长,邓家彦为判事长,宋教仁为检事长。最后,黄兴提议把《20世纪之支那》杂志作为同盟会的机关报,大家一致鼓掌通过。整个会议过程十分热烈。

中国同盟会的成立,基本上结束了各革命小团体分散斗争的局面,中国革命运动开始有了一个统一的领导机构,将推翻帝制的革命推向了一个新阶段。

武昌起义

武汉素称"九省通衢",各种矛盾尖锐集中。武昌起义前,武汉地区的革命团体主要是文学社和共进会,其成员大部分是湖北新军中的士兵。宣统三年(1911年),为镇压四川保路运动,清政府抽调一部分鄂兵入川,造成湖北统治的空虚,为发动武装起义提供了有利条件。

9月14日,在同盟会的策动下,文学社和共进会两个革命团体召开联合会议,决定联合行动,在武昌发动起义。会上,文学社领导人蒋翊武被推为革命军总指挥,共进会领导人孙武为参谋长。24日,文学社和共进会又联合召开会议,详细讨论制订了起义计划并分配了任务,决定利用中秋节休假时间举事,以左臂缠白布为记号。不料,起义的消息被泄漏出去,武汉的街头巷尾传遍了中秋起义杀鞑子的消息。清军因此加强了防务,起义未能按期举行。同时，上海的同盟会中部总会负责人及在香港的黄兴得到报告后，也不同意马上起义，建议推迟半个月，等待11省同时发动。

10月9日，孙武等在汉口俄租界宝善里机关部配制炸药，由于不慎引起爆炸，孙武头部受伤，在同伴掩护下逃离现场。俄国巡捕闻声前来搜查。机关内的旗帜、文告、印信、名册、符号、弹药等，均被搜走。鉴于起义计划暴露，情况紧急，蒋翊武便以总司令的名义，于下午5时在小朝街85号发出紧急命令，决定半夜12点以炮声为令，同时行动。命令被复写20余份，派人分头传送新军各标、营。但是，由于给炮队的命令没有送到，夜里12点，炮声未响。尽管其他标营的新军革命党人都做好了准备，起义仍然未能按时举行。就在这一夜，清政府开始了大搜捕。小朝街的起义总部和其他许多机关，都被破获，蒋翊武逃脱，彭楚藩、刘复基、杨宏胜等30多人被捕。三人当夜受到审问，次日早晨先后英勇就义，史称辛亥三烈士。清政府湖北当局在杀害三烈士后，又下令紧闭城门，封锁营门，禁止士兵出入，并根据所获名册搜捕革命党人。由于起义未能按时举行，当时的武昌形势已是十分危急。这时，革命基础比较雄厚的新军第八镇工程第八营的革命党人总代表熊秉坤，秘密联络三十标和二十九标的革命士兵，相约在10日晚上二道名时，鸣枪为号，发动起义。

10日晚，工程第八营后队二排排长陶启胜在巡查中，看见士兵金兆龙行动有疑，就厉声呵斥，并命令将金兆龙捆绑起来，金兆龙大喊道："今不动手，尚待何时？"士兵程定国举枪托击陶头部，继开一枪，起义的第一枪打响了，参加起义的士兵纷纷持枪，反动军官或被击毙，或闻风而逃。起义士兵40余人，在熊秉坤的率领下，向楚望台军械所进攻。守卫军械所的士兵也响应起义，军械所很快被工程八营的革命党人占领。在枪声与炮声中，武昌城各处的步兵、炮兵、辎重各营及陆军测绘学堂的学生，也不断奔赴楚望台。午夜，集中起来的起义军拥戴工八营左队队官吴兆麟为临时总指挥。吴兆麟根据当时情况，提出作战方针，并宣布纪律。在他的指挥下，发起了对湖广总督署的三次进攻。清军奋力抵抗，起义军步炮工兵合力围攻，举火照明，大炮击中总督衙署，总督瑞澂等挖后墙，逃到停泊在长江的兵舰上，第八镇统领张彪继续负隅顽抗。这时，由革命士兵组成的敢死队冲在前边，占领了湖广总督署。张彪逃往汉阳，后转至汉口日租界。经过一夜的激战，到11日晨，武昌城里自藩属以下各官署、各城门，全部都被革命军占领。汉口和汉阳的革命军也响应武昌起义。至12日上午，武汉三镇全部光复，红底十八星大旗飘扬在武汉三镇的上空。

起义胜利后，同盟会的主要领导人都不在武汉，而直接组织这次起义的文学社和共进会的领导者，有的遭杀害，有的受伤，有的被迫逃亡。这样，11日下午，在谘议局召开的一次会议上，黎元洪被推为湖北军政府都督。可他直到16日才正式就职。所以，最初几天里军政府的一切大事是由11日成立的谋略处来决定的。12日，由谋略处以黎元洪的名义，通电全国，宣告武昌光复。

武昌起义胜利的消息传出后，得到许多省区的响应。湖南、陕西、江西等省区相继发动起义。至11月下旬，仅一个月的时间，清政府所统辖的全国24省区，就有15个宣布脱离清政府，没有独立的省区，也在积极行动，清政府面临着统治的崩溃。

辛亥南北议和

宣统三年（1911年）武昌起义后，清政府急调北洋军"赴鄂剿办"，接着又复请袁世凯出山，袁世凯在向清政府讨价还价后，就下令北洋军向汉口发动猛烈进攻，不久北洋军占领汉口。接着袁世凯一面奏请停止进攻，一面与黎元洪联系，对革命阵营进行试探。他先是让其幕僚刘承恩，以同乡关系给黎元洪写了三封信，希望黎袁之间能和平了事，早息兵争。而后又派刘承恩、蔡廷干为代表，亲赴武昌与黎元洪会晤。11月11日，

黎元兴接待了刘、蔡二位,刘、蔡要求暂息兵事,实行君主立宪。黎元洪表示不同意保留清朝皇帝的君主立宪制,但希望袁世凯能赞助共和,并说以袁世凯的威望,"将来大功告成,选举总统,当推首选"。经过这次议和试探,袁世凯已经刺探到革命阵营中的虚实。11月13日,他北上组织内阁,清政府的军政大权全部落入他手中。11月26日,袁世凯在北京和英国公使朱尔典会晤,表示愿意与黎元洪在双方满意的条件下求得和解,并要求英国人将此意转达给黎元洪。朱尔典于当天即电告英国驻汉口的总领事出面调停。同时,袁世凯向革命军施加军事压力。27日,北洋军攻陷汉阳,并隔江炮轰武昌。这时,袁世凯是想利用南北对峙的局面,"挟北方势力与南方接洽,借南方势力以胁制北方"。

经英国人从中斡旋,南北双方决定从12月3日起在武汉地区停战3天,期满后又暂延3日。11月30日至12月7日,在汉口英租界为商议成立中央临时政府而召开的各省都督府代表会议上,接受了由英国人转达的袁世凯的建议,决定在第二个三天停战期满后,继续在全国范围内停战15天,并同意袁世凯、唐绍仪为代表与黎元洪或其代表讨论时局。12月9日,黎元洪电告袁世凯伍廷芳为各省一致同意的南方议和代表。

12月11日,唐绍仪到达原定议和地点汉口,但伍廷芳表示不愿离开上海。为此又特求助于英国驻上海总领事周旋,议和地点遂改在上海。17日,唐绍仪及其随从人员40余人由鄂抵沪。18日,以伍廷芳和唐绍仪为代表的"南北议和"在上海英租界市政厅正式开始。会上,伍廷芳首先提出,在双方约定的停战期内,山西、陕西、安徽、山东等地均遭清军进攻,北方如此违约,和议无法继续进行,除非得确实停战承诺后,始可开议。并指出,既要停战,就不应有例外的地区。唐绍仪则急于要求南方使停战状态继续保持下去,所以表示同意。于是,双方通知交战地区各自的军队一律停战。

12月20日,双方举行了第二次会议,决定有预备的停战期满后,继续停战7天,拟定了停战条文。在这一天的和议中,双方还就国体和召开国民会议进行了磋商。伍廷芳提出，根据当时中国人心皆共和的情形，应使君主退位，优待满人，实行共和立宪。唐绍仪则表示，他对共和立宪并无反对意向，同时还放出空气，袁世凯也赞成共和，只不过不能说出口，现在的问题只在于"宜筹一善法，使和平解决，免致清廷横生阻力"，也"使清廷易于下台，使袁氏易于转移"。对此，伍廷芳还表示，只要北方承认共和，其他一切事情都可以商量。最后唐绍仪建议，召开国民大会，以少数服从多数的办法，来决定是实行君主还是共和，伍廷芳表示同意。

会后，唐绍仪致电袁世凯，告知谈判内容。袁世凯得知消息后，便要求召集宗室王公，对国体问题表态。12月28日，清廷经过御前会议讨论后，发布谕旨，同意召开临时国会付之公议。

这样，12月29日，双方又举行了第三次会议。会上伍廷芳提出七条议案。双方商讨的主要问题是关于退兵问题，并达成协议。第二天，又举行第四次会议，就伍廷芳的七条议案继续进行谈判。双方争论的主要问题是召开国民会议的地点、选举及借外款。关于开会地点，双方各持己见，争执不下。对于借外款之事，这次会议也未达成协议，但就召开国民会议如何选派代表做出了规定，决定由南北各省包括内外蒙古、西藏各派三名代表，每人都有表决权，还规定了召集、通知各省代表的办法。

12月31日，双方再一次举行会议。这是伍廷芳与唐绍仪之间举行的最后一次公开谈判。这次谈判仍是就第三、第四次会议上没有达成协议的借款至开会地点问题进行商讨。双方议定于1912年1月8日在上海召开国民会议。至于借外款一项，双方决定南三北二分成。

从12月18日到三十一日，在整个和议过程中，双方的公开谈判及报刊刊载的电文只不过是一些表面文章，实质性的问题及私人电传都秘而不宣。双方代表在议场时，神情严肃，打着官腔，但在夜间则到"惜阴堂"赵凤昌寓所再行商洽。

1912年1月1日，孙中山在南京宣誓就职，就任中华民国临时大总统。同日，唐绍仪按照袁世凯的旨意，请求辞职。第二天，袁世凯批准，

同时电告伍廷芳，宣称唐绍仪超越了只以讨论为范围的权限，签订了他所不能承认的协议。他要求同伍廷芳通过电报继续进行谈判。第二天，袁世凯又指使他的部将冯国璋等48名将领联名电告伍廷芳，声称他们反对共和，拥挤君主立宪。这时，西方诸国也对南京政府施加压力，胁迫孙中山让位。

从表面上，看南北议和一时陷于停顿状态，但是唐绍仪并未离开上海，而是以袁世凯个人密使的身份继续与伍廷芳秘密联系。实质性的问题还是通过密电来商谈的。这时，双方争议的中心，是如何结束南北两个政权的对立局面。在内外压力下，孙中山于1月15日致电伍廷芳，再次表示，如果清帝退位，宣布共和，他就让位于袁世凯。袁世凯在得到这个许诺后，马上加紧进行"逼宫"。从1月17日起，清廷连开几次御前会议，最后万般无奈，2月3日授予袁世凯全权，要他同南京政府磋商退位条件。经过南北双方的多次交涉，确定了优待皇室条件八款、优待皇族条件四款、优待满蒙回藏各族条件七款。2月12日，朝廷接受了这些条件，溥仪退位。第二天，孙中山遵诺言，提出辞职咨文。15日，临时参议院选举袁世凯为临时大总统。南北议和以袁世凯篡夺政权而告终。

"中华民国"的建立

1911年10月10日晚7时许，新军工程第八营的革命党人由熊秉坤领导首先发难，占领楚望台。之后，总督瑞仓皇逃往长江上的兵舰，起义军很快占领武昌全城。11日和12日，往汉口、汉阳的新军也先后起义，武汉三镇完全被革命党人所控制。这就是震惊中外的武昌起义。

11日，湖北军政府在武昌宣告成立，由于当时同盟会主要负责人不在武汉，孙中山远在海外，黄兴、宋教仁也未到武汉，组织起义的士兵没有

武昌起义

意识到革命领导权的重要性,认为自己地位低微,只有社会上有名望的人担任才能组织政府,遂推举黎元洪为军政府的都督。与此同时,全国各地新军纷纷发动起义,攻占巡抚衙门,宣告独立。革命形势的迅速发展,为全国人民最后推翻清王朝,建立全国统一的中央政权奠定了基础。

1911年11月30日,独立各省代表联合会在汉口英租界举行,讨论筹建中央政府。12月2日正式通过《中华民国临时政府组织大纲》3章21条,议决临时政府采取总统制。12日,在南京召开了各省代表会议。为争取袁世凯倒戈,代表会议决定缓行选举临时大总统,暂时以黄兴为假定大元帅,后因黄兴力辞不就,各方争执不下。12月25日,革命领袖孙中山由海外回到上海,大总统人选众望所归,将临时政府的成立推上日程。

12月29日,各省代表会议在南京再度开会,孙中山当选为临时大总统。1912年元旦,孙中山在南京宣誓就职,宣告中华民国临时政府成立,以1912年为"中华民国元年",改用阳历(公历)。1912年1月

革命时期的孙中山

3日，又增选黎元洪为副总统，通过了孙中山提出的国务员名单，组成了中华民国临时政府。11月，各省代表会议议决以五色旗为中华民国国旗，以红、黄、蓝、白、黑五种颜色代表汉、满、蒙、回、藏五个民族，即"五旗共和"。

南京临时政府的成立——"中华民国"诞生，是中国历史上划时代的事件。它不仅结束了清王朝的统治，同时也结束了中国两千多年的封建帝制，标志着中国历史上第一个资产阶级共和国的建立，揭开了中国现代史的序幕。

南京临时政府在开国之初，颁布了一系列除旧布新的政令。在政治上，根据资产阶级"自由平等""天赋人权"的原则，临时政府宣布：人人享有选举、参政等"公权"和居住、言论、出版、集会、信教等"私权"；命令各官厅焚毁刑具，停止刑讯；通令保护华侨，禁止贩卖华工；严禁买卖人口，禁止蓄奴；解放"疍户"等所谓"贱民"，允许他们享有公民权，革除"大人""老爷"等称呼；禁止蓄辫、缠足、赌博，严禁种植和吸食鸦片等。在经济上，颁布了保护工商业的政策，保护私有财产，兴办实业，废除清代的苛捐杂税；奖励华侨在国内投资。在文化教育方面，提倡以自由、平等、博爱为纲的"公民道德"；禁用清政府颁行的教科书，对于《大清会典》《大清律例》等书一律禁用，小学禁读经科等。

南京临时政府制定并颁布了《中华民国临时约法》，明确规定"中华民国之主权，属于国民全体"，确立了行政、立法、司法三权分立的政治体制。内阁向国会负责，内阁各国务员辅佐临时大总统组成行政机关；参议院为立法机关，选举临时大总统和行使立法权；法院为司法机关，独立审理民刑诉讼，行使司法权。《中华民国临时约法》是中国历史上第一部资产阶级宪法，是南京临时政府最珍贵的政治文献和思想遗产，开创了资产阶级民主政治的新格局，在中国政治制度史、法制史上具有划时代的历史意义。

袁世凯窃取革命果实

南京临时政府成立后，一直处于反动势力包围之中，政治、军事和财政上都面临着严重的困难。由于同盟会丧失了革命领导能力，接连犯了一系列的错误，最终酿成历史悲剧——临时政府仅存在了三个月，辛亥革命的果实被帝国主义与封建势力的代理人袁世凯所窃取。

武昌起义爆发后，中外反动派感到万分恐怕。帝国主义为了维护它们的在华权益，对辛亥革命进行了粗暴的干涉和破坏。各国驻远东舰队纷纷驶向武汉，随时准备武装干涉。日本宣称"不与叛党发生任何外交关系"，并与俄国勾结"一举分割满洲、蒙古"。英美帝国主义则披着"中立"的外衣对革命施加压力，政治上，拒绝与南京临时政府建交；在经济上实行封锁，扣留海关税收，切断南京政府的财源。迅速发展的革命形势，使得帝国主义看到清政府已大势而去，"用武力来挽救这个国家的企图失去了可能性"，便着手从中国内部寻求新的代理人，作为其统治中国的工具。

武昌起义后，清政府派人前往镇压。但北洋军是袁世凯一手培植起来的，主要部将均为袁世凯的心腹爪牙，根本指挥不动。况且，袁世凯因掌握北洋军实际领导权，被帝国主义认为是最合适的人选。10月14日，清政府只得起用已罢官还乡的袁世凯为湖广总督，但他因官位太小，以"足疾未愈"作为推托。27日，清政府改任袁为钦差大臣，袁仍不肯接受，提出了召开国会，组织责任内阁等条件，清政府迫于各方压力，只得于11月1日下令解散皇族内阁，颁布"十九信条"，任袁为内阁总理大臣。袁世凯于是着手实施夺取全国政权。他命令北洋军夺下汉口、汉阳后，不继续攻打武昌，利用南北对峙的局面，以南方的革命势力威胁清政府向他让权；同时又以清王朝来恐吓革命势力，引诱和迫使革命党人停战议和。

而南京临时政府内部存在的一系列问题，又为袁世凯夺权提供了机

会。南京临时政府虽号称中央政权，但它并未能统一中国。当时北京尚残存着清政府，华北地区还有北洋军阀集团。在光复省区，虽然挂旗"革命"，却卷入了许多掌握实权的立宪派和旧官僚政客。他们极力主张议和，害怕革命继续发展将危及自身的利益。而作为领导革命的政党——同盟会，在辛亥革命后，已呈现"意见不相统属，议论歧为万途"，相互攻伐的涣散状态。临时政府刚成立之时，章炳麟便宣布脱离同盟会，与立宪派、旧官僚联合在上海另建"中华民国联合会"（3月2日改为"统一党"），通电主张拥护袁世凯为临时大总统。黄兴在开国之后便滋生"大风歌罢不如归"的消极引退思想，力主与袁世凯妥协。1912年3月3日，同盟会在南京召开改组会议，在其修订的"总章"中提出"采用国家社会政策"，代替"平均地权"的主张，还提出"种族同化"的口号，这是政治上的倒退。而在组织上选黎元洪为协理，广收会员，许多官僚政客混入其中，同盟会领进的性质发生改变。孙中山等虽不愿妥协，但已陷入孤立，被迫妥协让权。

　　1911年12月18日，南北双方代表在上海举行和平谈判。会谈中，袁世凯以帝国主义为靠山，以北洋军武力为后盾，以"赞成共和"为诱饵，迫使南京临时政府让步，并接受由他提出的清廷皇室优待条例。规定"清帝逊位之后，其尊号永尊不废""岁用四百万元由中华民国付给"等。孙中山等迫于各种压力，只得向袁世凯表示：在清帝退位、宣布共和之后，即行正式解职，交出政权。

　　1912年2月12日，早已无力控制局面的清王室接受优待条件，清帝正式退位。次日，袁世凯致电南京临时政府，声明赞成共和。同日，孙中山提出辞呈；15日，南京临时参议院选举袁世凯为临时大总统。3月10日，袁世凯正式就任临时大总统。4月1日孙中山正式宣布解职。5月，临时参议院议决政府由南京迁往北京。至此，辛亥革命的果实被袁世凯篡夺，中国开始了北洋军阀的统治时代。

二次革命

"二次革命"是继辛亥革命之后孙中山领导的一次民主革命。南京临时政府由南京迁都北京后,中央政权被以袁世凯为首的北洋军阀所把持,故称"北洋政府"。袁世凯窃取临时大总统后,在全国实行独裁统治。其专权是从破坏责任内阁开始的,1912年8月,他任命其旧部将、清末旧臣兼同盟会会员双重身份的唐绍仪出任第一任国务总理。但后来他感觉对唐不能指挥如意,不利于他独断专行,便借故迫使唐绍仪内阁辞职。9月改任其亲信赵秉钧为国务总理。这样,《临时约法》遭到破坏,责任内阁主持的国务院,变成了总统的办事机关。

1912年8月,宋教仁以同盟会为基础,联合其他小党在上海组建国民党。其政治上主张"巩固共和,实行平民政治",反对袁世凯的独裁统治。其成立后,大批官僚、政客、军阀纷纷参加,国民党很快成为参议院的第一大党。12月,在国会选举中获得多数席位。宋教仁到处演讲,宣布政见,力图以多党的地位组织责任内阁,遭到袁世凯的忌恨。

1913年3月20日,当宋教仁准备北上进京组阁时,在上海站被杀害。"宋案"发生后,袁世凯感到"愕然",并命令江苏地方官员"穷究"杀人凶手。而"穷究"的结果是,行刺的主谋者正是袁世凯自己,直接布置暗杀行动的则是其亲信赵秉钧。谋害"宋教仁"的枪声撕破了袁世凯伪装"共和"的面纱,也使许多革命人士清醒过来,这也成为"二次革命"的导火索。孙中山从日本赶到上海,坚决主张武力讨袁。6月,袁世凯下令免去江西都督李烈钧、广东都督胡汉民、安徽都督柏文蔚等人职务。7月12日,李烈军面对北洋军对江西的猛烈进攻,在湖口誓师,宣布讨袁起义,"二次革命"正式开始。7月15日,黄兴在南京组织江苏讨袁军,宣布江苏独立,接着安徽、广东、湖北、四川、福建等省先后响应。

由于国民党内部力量涣散,意见分歧大,缺乏统一指挥,"二次革命"

不到两个月便宣布失败。孙中山、黄兴等国民党人以"乱党"之名被严令通缉,不得不流亡日本。北洋军阀的势力伸展到长江流域,资产阶级革命派掌握的地方政权全部丧失。从此,全国进入了北洋军阀的黑暗统治时期。

袁世凯复辟帝制

袁世凯并不仅仅满足于大总统这个宝座,他想要彻底摧毁"共和"这块招牌,真正登上"皇帝"宝座。在镇压"二次革命"之后,便进一步破坏国会,取消《临时约法》,准备复辟封建帝制。

1913年初,袁世凯就下了一道《整饬伦常令》,鼓吹"中华立国,以孝悌忠信礼义廉耻为人道之大经"。6月,通令学校恢复尊孔读经。1914年9月,袁世凯率百官到孔庙祭孔,12月又到天坛祭天,掀起封建复古的思想逆流,为复辟帝制之先声。

袁世凯以武力扫除南方几省的反袁势力后,认为由临时大总统变为正式大总统的时机已经成熟。为了当上正式大总统,袁一面收买部分分化的国民党议员,使国民党分裂成各种小集团,另一方面又进一步利用进步党人。1913年7月,他任命进步党人熊希龄组织责任内阁,接着便上演了一场先选总统,后立宪法的丑剧。1913年10月6日,袁世凯派便衣警察、地痞流氓数千人包围国会,并打着"公民团"的旗帜,鼓噪于会外,声称"非将公民所瞩望的总统选出,不许选举人出会场一步!"从上午8点到晚上10点,国会议员忍饥挨饿,连续三次投票,袁世凯才获得法定的票数而当选正式大总统。

袁当上正式大总统,认为国会和政党对其已失去作用。11月4日,他借口国民党议员与李烈钧有联系,下令解散国民党,撤销国民党议员的资格。这样,国民党因此被逐出者达半数以上,国会因法定人数不足不能开会。1914年1月,袁世凯干脆下令解散国会。各省的议会也随即被通令取消。这样,象征资产阶级民主制度的国会以及各地有关机构被袁世凯一扫而光。1914年5月1日,袁宣布废除《中华民国临时约法》,并公布了迎合其专利的《中华民国约法》。《约法》中明确规定:取消内阁制,实行总统制,由总统独揽一切大权。撤销国务院,在总统府内设政事堂,作为辅助总统的办事机构。根据这部约法,又成立了代行立法权的参政院,参政议员全部由袁世凯任命。

1915年元旦,袁又公布了新的《总统选举法》,规定总统任期改为10年,连选连任无限制,总统继任人由现任总统推荐。这样,袁世凯不仅可以终身充任总统,还可以由他的子孙后代继任。袁利用自己手中的军事力量,一步步取消了辛亥革命以来所建立的各项民主制度,铲除了资产阶级民主力量,建立起封建军事独裁统治,"中华民国"只剩下一块空招牌。

与此同时,袁世凯又极尽卖国之能事,向帝国主义寻求复辟之靠山。1914年,第一次世界大战爆发,日本趁各帝国主义国家无暇顾及中国,妄想独占中国,并于1915年1月向袁世凯递交了一份旨在灭亡中国的"二十一条要求",其主要内容是:德国在山东的特权转让给日本;日本租界旅顺、大连及南满、安奉两条铁路的期限延长至99年;汉冶萍公司改为中日合办,附近矿山也不准他人开采;中国沿海所有的港湾、岛屿不得让与他国;中国政府当聘请日本人作为政治、军事、财政顾问,警政与兵工厂由中日合办。其实际上是要把中国变为日本的殖民地。经过几个月的秘密谈判,日本帝国主义采取软硬兼施的手段,一面以不能阻止革命党人"在中国煽动骚乱"相威胁,一面又以"对袁总统提供援助""再高升一步"相利诱。1915年5月9日,袁世凯不顾全国人民的坚决反对,除第五项"容日后协商"外,其余全部接受。

在换取帝国主义的支持后,袁世凯便开始了复辟帝制的行动。1915年8月,他授意其顾问美国人古德诺发表了"共和与君主论"一文,诬蔑中国人民"民智低下",鼓吹中国复辟帝制。各地袁世凯的死党、爪牙和投机分子一片喧嚣之声,又是函电,又是进京请愿,"请求"袁世凯当皇帝,复辟之风席卷京城。老谋深算的袁世凯为给帝制披上"民意"与"合法"的外衣,又指使其御用参政院炮制出一项《国民代表大会组织法》,要求各省选出"国民代表"进行投票。12月,参政院宣布全部1993名代表完全一致地主张复行君主制,拥戴书一字不差地写着"恭戴今大总统袁世凯为中华帝国皇帝"。袁世凯就于12日宣布接受"推戴",承认帝制。1915年12月13日宣布改"民国五年"为"中华帝国洪宪元年",改总统府为新华宫。1916年元旦,袁世凯举行登基大典,爬上皇帝宝座,演出了一幕复辟帝制的历史丑剧。

护国运动

袁世凯的黑暗统治和复辟帝制的活动,激起了全国人民的反对,并爆发了全国规模的护国战争。

人民群众是反袁斗争的主力。1913年至1914年间,河南爆发了白郎农民起义。各地的工人、城市贫民和小资产阶级知识分子不断掀起自发的反抗斗争。孙中山等革命党人在日本继续高举反袁旗帜。他在日本成立"中华革命党",作为开展反袁斗争的领导核心,但没有明确提出反帝反封建的革命纲领,仍未发动群众,只是单纯地军事冒险,所以没有在这次运动中起到应有的领导作用。但其在上海、山东、江苏、浙江、广东等沿海地区策动的一些零散的武装起义,虽均以失败告终,却为护国战争的兴起做了准备。

而以梁启超为首的进步党,原是袁世凯的追随者,后遭到冷落。当袁世凯复辟帝制的野心暴露无遗的时候,他预感到袁氏必然失败,便不甘心

"我为牛后",一反过去的主张,抢先举起了反袁旗帜。他利用其学生,受同将领蔡锷的政治影响,同时联络西南立宪派地方军阀势力,秘密在云南集结力量,掀起一场讨袁护国战争的风暴。

1915年8月20日,梁启超拒绝20万元的收买,不顾枪弹威胁,在《大中华》杂志上发表了《异哉所谓国体问题者》的文章,对袁世凯、古德诺之流进行揭露和讽刺,成为护国反袁斗争的序曲。而蔡锷则以养病为名返回云南,联合唐继尧、李烈钧等组织护国军。1915年12月25日,云南宣布独立,1916年元旦组成云南军政府,兵分三路进军四川、广西和贵州,发动了护国战争。3月,护国军相继攻占川南重镇叙府、泸州,威逼重庆。

护国运动获得了人民群众的热烈支持。人民群众踊跃参军,争先恐后缴纳捐款,护国军士气高昂。随着护国战争的进行,袁世凯在西南的统治纷纷解体。1916年1月,贵州宣布独立;3月,陆荣廷在广西宣布独立;4月,龙济光在广东宣布独立;5月,西南各省的省份在广东肇庆成立"军务院",宣布"指挥全国军政",与北洋政府决裂。当时孙中山也在海外发表了《第二次讨袁宣言》,号召"除恶务尽",决不使谋危国民者复生于国内。海外华侨也纷纷发表通电,要求将袁世凯"执行国法"。

在全国代表护国浪潮冲击下,北洋军阀统治集团内部也呈现出一片分裂之势。袁世凯的心腹大将段祺瑞在全国反袁进入高潮时,也感到复辟帝制无望,早已辞职而走,托病引退。冯国璋则拥兵江南,坐镇观望。原来支持袁世凯复辟帝制的日本帝国主义,此时也顺风转舵,责备袁"断行帝制,无视友邦劝告""日政府当然不能承认",并着手寻找新的代理人。

袁世凯在内外交困中,被迫于1916年3月22日取消帝制,次日废除"洪宪"年号。袁世凯83天的皇帝梦就此破灭。但他仍希望依靠北洋军队,保持他的总统权位,但护国军坚持要他下台。最后,袁世凯于6月6日,在全国人民的唾骂声中气绝身亡。

护国运动取得粉碎袁世凯复辟帝制的胜利,结束了袁世凯的独裁统治,具有资产阶级民主运动的性质,反映了人民群众的要求,顺应了历史

发展的潮流，具有进步意义。但护国运动并没有改变中国半封建半殖民地社会的性质，代替袁世凯而起的，仍然是帝国主义控制下的封建军阀专制独裁的统治。

张勋复辟

张勋复辟是张勋利用"府院之争"导演的一幕拥溥仪复位的丑剧。

袁世凯死后，黎元洪继任中华民国大总统，段祺瑞以国务总理兼陆军总长操纵北京政府的实权。在护国战争的打击下，黎、段被迫打起"民主共和"的旗号。1916年6月29日，黎元洪明令废弃袁世凯的《约法》，恢复民元孙中山制定的《临时约法》。8月1日下令恢复国会，实行责任内阁等。但这种妥协和统一是暂时的。段祺瑞凭着手中的军事实力，妄图武力统一中国，建立以国务院为中心的军事独裁统治。这必然引起与其他军阀的矛盾。1917年，黎、段围绕着对德参战问题而激化矛盾，引发了"府院之争"。段祺瑞在日本的支持下，主张对德宣战，企图乘机扩大实力。黎元洪则在美国的支持下利用国会反对参战，并下令免除段祺瑞内阁总理的职务。段祺瑞则跑到天津策动武装倒黎。6月2日，段在天津成立"独立各省总参谋处"，并以13省督军名义联名通电，威逼黎辞去大总统之职。黎无计可施，只得求助拥兵徐州的张勋入京调停。张勋趁机展开复辟活动。

张勋原为清末江南提督，因镇压"二次革命"有功，被袁世凯升任为江苏督军，后转任长江巡阅使，率所部定武军两万余人，驻守徐州。其以清王室老臣自居，本人与所部士兵一直都留着长辫，张勋被人们称为"辫帅"，所部武军称为"辫子军"。段祺瑞被免职后，也想借张勋之力赶走黎元洪，故向其做出"复辟一事，自可商量"的含糊允诺。

1917年6月7日,张勋以"调停府院之争"为名,从徐州率3000辫子军北上,途经天津又与段祺瑞会谈,威逼黎元洪解散国会。6月12日,黎元洪被迫下令解散国会。7月1日,张勋及其同党拥戴溥仪登上清宫太和殿,正式宣告复辟,改"民国六年"为"宣统九年"。一时间,成群的遗老遗少,穿着朝服朝靴,拖着长长的假辫,又出现在北京大街小巷。张勋的倒行逆施,引起全国各阶层的强烈反对。7月2日,逃匿日本使馆的黎元洪发出通电,要副总统冯国璋代行大总统职权,并恢复段祺瑞的总理职务。段祺瑞见时机已到,并在天津组织"讨逆军",自任总司令,进京讨伐张勋。7月12日,辫子军悬旗投降,张勋逃往荷兰使馆,溥仪再次退位,12天的复辟逆流宣告结束。

张勋复辟的失败,是辛亥革命之后,民主共和观念深入人心、复辟不符合历史发展潮流的必然结果。

护法战争

段祺瑞赶走张勋后,以"再造民国"的功臣自居,重新组建内阁,自任国务总理兼陆军总长,又夺取了北京政权。段重掌政权后,极力推行对外亲日卖国,对内武力统一的方针,以图建立皖系军阀的独裁统治。他公然宣称"一不要约法,二不要国会,三不要旧总统",拒绝恢复约法的国会。1917年8月,段在日本的支持下,正式向德、奥宣战。他以出卖国家主权为代价,向日本大量借款,以扩大自己的实力。

段祺瑞的反动统治激起了全国人民的反对,也引起英美帝国主义及其他军阀的不满。由此,中国大地掀起了与军阀混战相交错的护法战争的风暴。

当袁世凯败亡时,孙中山就指出:中国能否大治,关键是能否"尊重约法,拥护共和"。1916年6月9日他发表了《恢复约法宣言》,重申

"恢复约法,尊重民意机关"是报国"惟一无二之方"。为了维护《临时约法》,恢复国会,1917年7月17日,孙中山由上海到达广州,举起护法旗帜。同时他还电请国会议员南下,呼吁西南各省督军与各界"火速协商,建设临时政府"。在孙中山号召下,北京政府海军总长程璧光、海军第一舰队司令林葆怿于7月21日发表联明通电,拥护护法,并率舰由上海开往广州。原国会中的国民党议员也大多南下抵粤。程系军阀和滇系军阀希望利用孙中山的威望对抗段祺瑞,确保自己的势力范围并趁机发展,于是采取了与孙中山合作的态度。

8月25日,孙中山召集来到广州的国会议员130多人开会,因不是法定人数,故称"非常国会"。会议决定组织中华民国军政府,推选孙中山为大元帅,唐继尧、陆荣廷为元帅,任命了各部部长。军政府的成立,揭开了护法战争的序幕,中国形成了南北对峙的政局。

广州军政府成立后,两广、云贵成为护法运动的中心,并组织了以广西督军潭浩明为总司令的粤桂浙三省护法联军,开进湖南,出师北伐。当年8月,段祺瑞政府以"背叛开国"罪通缉孙中山等人。10月,命令直系军队进入湖南与护法军作战,护法战争开始。

正当直、皖两系军阀斗争日益激烈时,护法军政府内部由于军阀们为各自利益打算,也发生了重大分裂。西南军阀迎接孙中山南下的目的并不在于"护法",而是借助孙中山的护法旗号,抵制北洋军的"武力统一",保护其地方割据。当直系军阀曹锟、吴佩孚攻占长沙后,段祺瑞任命皖系军阀张敬尧为湖南督军,引起直系军阀的强烈不满。

1918年6月,吴佩孚通电主张和平,并与西南军阀相勾结,共同对抗皖系。这样,西南军阀反倒觉得孙中山是他们进行政治活动的障碍,力图排挤孙中山。同年11月,陆荣廷不顾孙中山的反对,擅自通电主和,与冯国璋的"和平攻势"相呼应。次年2月,又与直系军阀勾结,签订停战协议。

1918年5月10日,滇桂军阀联合政学系议员,操纵非常国会通过了《军政府组织大纲修正案》,改大元帅制为总裁合议制,选出岑春煊、陆荣

廷、唐继尧、孙中山等七人为总裁，实权操于西南军阀之手。孙中山被孤立起来，军政府成为西南军阀的工具。孙中山只得被迫通电辞职，愤懑地指出"南与北如一丘之貉"。5月21日他离开广州赴上海，护法运动失败。

护法运动是以孙中山为首的资产阶级民主派领导的，旨在对抗北洋军阀封建独裁统治的民主革命运动，具有进步的历史意义。但在当时情况下，用资产阶级的"约法"来号召，已不能适应形势的发展和群众的需要。孙中山依靠和北洋军阀有矛盾的南方军阀，脱离广大人民群众，第一次护法运动只能以失败而告终。这表明中国资产阶级旧民主主义革命已经陷入绝境，民族资产阶级再也不能领导中国革命前进。

护法运动是辛亥革命的尾声，它标志着中国旧民主主义革命的危机。

新文化运动

辛亥革命后，以袁世凯为首的北洋军阀，在政治上实行独裁统治，疯狂反对共和，复辟帝制。在文化思想领域，大肆鼓吹尊孔复古，向资产阶级文化大举进攻。一大批有民主思想的知识分子掀起了一场彻底的反封建主义的启蒙运动——新文化运动。

新文化运动的兴起是以1915年9月陈独秀在上海创办《青年》杂志（1916年以后改称《新青年》）为开端的。陈独秀参加过"二次革命"，是新文化运动的旗手与主将。1917年，蔡元培出任北京大学校长，聘请陈为北大文科学长，《新青年》杂志社也随着迁到北京。当时在北大执教的李大钊、鲁迅等人成为主要撰稿人。这样，新文化运动便以北大为中心，以《新青年》为火炬在全国点燃开来。

新文化运动的主要内容是提倡民主和科学，反对封建专制和迷信观念，民主是指西方资产阶级的民主思想与民主政治。陈独秀在《青年》杂志创刊号上，发表《敬告青年》一文，猛烈抨击了中国腐朽的封建文化的社会制度。他说："吾国欲图世界的生存，放弃数千年相传之官僚的、专制的个人政治，而易以自由的、自治的国民政治。"要建立这样的民主政治，就要有民主的思想，提倡人权、平等与个性解放，反对奴性。他说："人各有自主之权，绝无奴役他人之权利，也绝无以奴自处之义务。"

提倡科学，就是提倡西方先进的自然科学和社会科学，宣传唯物论、无神论、进化论，反对封建迷信、愚昧和盲从。陈独秀认为，科学和民主是密不可分的，同为"近代欧洲的时代精神"。他说："科学之兴，其功不在人权说下，若青年之有两轮焉"，"国人而欲脱离蒙昧时代，羞为现代之民也，则急起直质。当以科学与人权并重"。他号召人们排除虚妄、迷信和盲从，用民主和科学的态度，去对待一切传统观念和社会问题，以求实的进取精神，自觉奋斗。

当时把民主称为德先生（Democracy），科学称为赛先生（Science）。陈独秀说："西洋人因为拥护德赛两先生，闹了多少事，流了多少血，德赛两先生才渐渐从黑暗中把他们救出，引到光明世界。我们现在认定只有这两位先生可以救治中国政治上、道德上、学术上、思想上一切黑暗。"

新文化运动的倡导者们认为，中国之所以危亡，民主与科学之所以不能实现，都是由于封建伦理主张没有扫除的缘故。因此，他们把斗争的锋芒集中指向孔子学说的核心——纲常阶级制度。"打倒孔家店"的呼声振奋着中国。他们认为孔子是帝王专制的护符，君主政制之偶像，因此号召青年抛弃儒家的"三纲五常"与"忠孝节义"等"吃人的礼教"。李大钊对于孔教的攻击更加猛烈。他相继发表文章，尖锐地指出孔子是"数千年前之残骸枯骨""历代帝王专制之护符""保护君主政治之偶像"。他在《青春》一文中号召青年"中央过去的网罗，破坏陈腐学说的囹圄"，以"青春之我"去创造"青春之中华"。

新文化运动的另一个重要内容就是提倡白话文和文学革命运动。文学革命的发起者首推胡适。1916年11月他在《新青年》发表《文学改良刍议》

一文，提出文学改革的八项主张，极力提倡白话文，反对文言文。主张写文章，"不做无病之呻吟"，"须讲求文法之结构"，"不尊仿古人"，"须言之有物"，主张文学反映时代精神，"实写今日社会之情况"。他认为白话文是中国文学正宗和将来文学必用之利器，"把国语的文学，文学的国语"作为文学改革的宗旨。

1917年2月，陈独秀在《新青年》上发表《文学革命论》，把文学改革明确地同反封建的思想革命联系起来。他说"今领革新政治，势不得不革新盘踞于运用此政治看精神界之文学"，并提出了三大主张：推倒贵族文学，建设国民文学；推倒古典文学，建设写实文学；推倒山林文学，建设社会文学。

鲁迅是把文学革命从内容到形式结合起来的最好典范。1918年5月，鲁迅在《新青年》上发表了第一篇白话文小说《狂人日记》，揭露封建礼教吃人的本质，呼吁社会"救救孩子"。后来又发表了《孔乙己》《药》等小说，成为中国现实主义文学的先驱。

北京大学校长蔡元培则扛起了教育革命的大旗。1917年他上任后，提出"教育救国"的口号。他倡导"思想自由，兼容并包"，推行资产阶级自由主义的教育方针。又推行"人才主义"，他极力聘请各家名师，不问政治，只要有一学之长，就予以聘用。

五四前的新文化运动，就其性质来说，仍然属于资产阶级的旧民主主义的范畴。尽管这场运动局限于知识分子的小圈子内，没有与广大工农群众相结合；对中西文化采取了形而上学的绝对肯定与绝对否定的态度，也没能给中国人民真正指明谋求解放的道路，但这场运动有重大的历史功绩。它以民主主义的革命精神，批判了封建主义的政治制度与伦理道德，冲破了孔子学说的思想禁锢，唤起了中国人民的觉醒，形成了一次思想解放运动。它为五四爱国运动的爆发做了思想准备，为马克思主义在中国的传播开拓了道路，为中国迎来了新民主主义的曙光。

第七章

中国近现代史（二）

五四运动

五四运动是在中国无产阶级不断成长和壮大，俄国十月革命爆发之时，帝国主义对中国加紧侵略，而北洋军阀政府对外屈膝投降，对内残酷压迫造成严重的民族危机的情况下爆发的，其导火线是巴黎和会上中国外交的失败。

1919年1月8日，英、美、法、日、意等战胜国在巴黎凡尔赛宫召开"和平会议"。中国以战胜国身份出席，并提出取消列强在华特权，取消袁世凯与日本签订的"二十一条"，归还德国在山东的各种特权等三项要求。在帝国主义操纵下，中国这些合理要求遭到了否决。4月30日，《凡尔赛和约》竟明文规定将德国在山东的特权转让给日本。中国在巴黎和会上的失败，暴露了北洋军阀政府的软弱和帝国主义的侵略本质。中国人民的怒火爆发出来，形成了一场轰轰烈烈的爱国运动。

5月4日，北京大学等13所学校3000多学生高呼"外争主权，内除国贼""拒绝在和约上签字""抵制日货"等口号。他们手执各种旗帜、标语在天安门前集会，大会决议要求北京政府惩办曹汝霖、陆宗舆、章宗祥三个卖国贼。集会后，学生们出发游行示威。游行队伍向东交民巷使馆区进发，被外国巡捕无理拦阻，遂向赵家楼胡同曹汝霖住宅进发，他们包围并冲进曹汝霖住宅，痛打了正在曹宅的章宗祥，因寻曹汝霖不见，就放火烧了曹宅。这就是"火烧赵家楼"。北洋军阀政府派出反动军警残暴地进行镇压，殴打爱国学生，并逮捕了22人。第二天，北京专科以上学校实行总罢课，抗议政府逮捕学生。5月6日成立了学生联合会，统一领导学生运动。爱国学生在北京街头，在长辛店等工人区挥泪演讲，号召人们奋起救国；坚决要求出席和会的代表拒绝在"和约"上签字，要求严惩卖国贼，民众爱国热情也日益高涨。

"五四"爱国运动很快由北京波及全国。从5月7日起，天津、保定、上海、南京、湖南、武汉、东北三省等地的爱国学生，都纷纷举行了集会游行和罢课斗争。6月初，

北京市学生在五四运动期间发起示威行动

各地学生代表聚集上海，16日成立了全国学联。

6月3日北京学生大批被捕的消息传开后，全国各地人民为之震怒，纷纷举行罢工、罢市、罢课斗争，声援北京。这样，整个斗争形势出现了新局面。主要由青年学生参加的五四爱国运动，发展成为工人阶级、小资产阶级、民族资产阶级共同参加的广泛的群众爱国运动，工人阶级成为运动的主力军，运动的中心也由北京转到了上海。

6月5日，上海内外棉纱厂工人首先罢工，揭开了上海工人大罢工的序幕。同日，上海商界宣布总罢市。许多商店门口贴上"国家将亡、无心营业"的标语。当天上海各团体召开联席会议，宣布成立上海商学工报联合会。6月9日和10日，上海工人罢工达到高潮。上海罢工的工厂企业共50多个，罢工人数达六七万人。在上海工人的带动下，罢工浪潮迅速席卷全国。京汉铁路的长辛店、京奉铁路的唐山以及南京、天津、杭州、济南、武汉、九江、芜湖、长沙等地工人都先后举行罢工和示威游行。

全国人民空前规模的斗争，特别是工人阶级的罢工斗争，使北京反动政府十分惊慌。迫于各方面的压力，北京政府被迫于6月10日下令免去曹、章、陆三个卖国贼的职务。同日，国务总理钱能训辞职。6月28日是《巴黎和约》签订之日，全国人民又展开了新的斗争。6月27日上海召开

了万人大会，要求政府拒签和约。6月28日，中国的外交代表在全国人民的强大压力下，再加上旅居法国的华侨和留学生的直接监视，终于被迫拒绝在《巴黎和约》上签字。五四运动的直接目标胜利实现。

五四运动是反帝反封建的革命运动，也是一次伟大的思想解放运动。它表明中国由资产阶级领导的旧民主主义革命开始转变为无产阶级领导的新民主主义革命。五四运动中，工人阶级开始以自觉的姿态登上历史舞台，使运动迅速取得胜利。五四运动之后，马克思主义在中国得到了更加广泛的传播，一大批共产主义者涌现出来，工人阶级也在斗争中提高了阶级觉悟，推动了马克思主义与工人运动相结合，为中国共产党的成立做了思想上与干部上的准备。

中国共产党的成立

五四运动后，随着中国工人运动的迅速发展，马克思列宁主义的传播，为中国共产党的诞生奠定了阶级基础和思想基础。五四运动促进了马克思主义与中国工人运动的结合，中国的共产主义运动正是在这个结合的基础上发生和发展起来的，中国共产党的诞生正是这个结合的产物。

最早酝酿在中国建立共产党的是李大钊和陈独秀。1920年初，李大钊、陈独秀等分别在北京和上海开始探讨成立中国共产党的问题，历史上称为"南陈北李，相约建党"。

1920年初，在李大钊的号召和组织下，北京一些革命知识分子到人力车工人居住区进行调查。3月，邓中夏等组织了北京大学平民教育讲演团。4月，他率讲演团成员到长辛店向铁路工人宣传革命道理，和工人建立联系，为开辟长辛店这个早期北方工人运动的重要据点打下了基础。4月中旬，陈独秀等联合中华工业协会、中华全国工界协进会等团体发起召

开"世界劳动纪念大会"筹备会。1920年的"五一"国际劳动节时,上海、北京、广州等城市的工人隆重集会,第一次纪念自己的节日。这次五一节纪念活动是马克思主义同中国工人运动相结合的一次较大规模的实践。

中国共产党的准备工作,还得到了共产国际的支持和帮助。1920年4月,列宁领导的共产国际派维丝斯基、杨明斋等人组成俄共(布)党员小组来华,了解中国革命的情况,并同中国的革命组织取得联系。维丝斯基在北京会见了李大钊,并同北京大学的革命分子讨论建立共产党的问题;然后他又来到上海,交换了关于中国革命问题的意见,并具体帮助陈独秀等进行建党的准备工作。

经过几个月的酝酿,1920年,首先在上海建立起中国第一个共产主义小组,成员有陈独秀、李汉俊、李达、陈皇道、俞秀松等,推举陈独秀担任书记,并函约各地社会主义分子组织党的支部。上海共产主义小组的成立,成为创建全国统一的无产阶级政党的活动中心。10月,李大钊发起成立了北京共产主义小组,成员有张国焘、罗章龙、邓中夏、刘仁静、张太雷等。李大钊任书记。

9月,毛泽东在长沙发起成立了湖南共产主义小组,主要成员还有何叔衡、彭璜、陈子博等。从1920年秋到1921年春,武汉、济南、广州,国外的法国、日本,也先后建立共产主义小组。当时,国内外这些组织的名称不一,有的叫共产党,有的叫共产党支部,有的叫共产主义小组,历史上通称为共产主义小组。

各地共产主义小组建立以后,有组织有计划地研究、宣传马克思主义,批判各种反马克思主义思潮,开展工人工作,进一步促进马克思主义同中国工人运动的结合,为全国性的中国共产党的成立做好准备。

首先是大力进行马克思主义的宣传,从思想上为全国建党做准备。1920年9月,上海共产主义小组将《新青年》改为党的公开理论刊物,并从第8卷第1号起,开辟了"俄罗斯研究"专栏。随后又创办半公开的刊物《共产党》,介绍革命理论和党的基本知识。上海、长沙、武汉等小组

通过党直接领导的"马克思学说研究会""俄罗斯研究会"等，搜集、研究马克思学说的书籍，编辑、刊印马克思主义论著。组织讨论会、演说，介绍青年学生到苏俄学习。

其次注意对革命青年的培养。1920年夏，上海共产主义小组举办了外国语学社，吸收革命青年入学学习外语和马克思主义基本知识。培养出的学员先后有刘少奇、罗亦农、任弼时等20多人，并派往莫斯科东方大学学习。是年8月，上海共产党组织派最年轻的成员俞秀松组织了社会主义青年团。接着北京、武汉、长沙、长州等地也建立了社会主义青年团组织。此外，各地还出版了工人刊物，如《劳动界》（上海）、《劳动者》（北京）、《劳动周刊》（济南）等，用通俗易懂的文字，深入浅出地宣传马克思主义。利用"提倡平民教育"的合法名义，创办劳动补习学校、工人夜校、识字班等，提高工人的文化程度，启发工人的阶级觉悟。

1920年11月，上海共产主义小组领导建立了第一个工会组织——上海机器工会。长沙、济南、广州的一部分产业工人和手工业工人也建立工会，逐步推动工人运动的发展。各地共产主义小组的建立和活动，从思想上、组织上和干部上为中国共产党的成立奠定了基础。

1921年6月，上海共产主义小组在共产国际代表的帮助下，同当时在广州的陈独秀、北京的李大钊商定，在上海召开中国共产党第一次全国代表大会，随即通知各地共产主义小组派代表出席。

1921年7月23日，中国共产党第一次全国代表大会在上海召开。出席代表大会的代表有12人。他们是：上海小组的李达、李汉俊；武汉小组的董必武、陈潭秋；长沙小组的毛泽东、何叔衡；济南小组的王尽美、邓恩铭；北京小组的张国焘、刘仁静；广州小组的陈公博；旅日小组的周佛海。参加大会的还有陈独秀指派的代表包惠僧。他们代表50多名党员，共产国际代表马林和共产国际远东书记处代表尼克尔斯基出席了大会。会场地点在法租界贝勒路树德里3号李文俊的住宅里。大会进行到7月30日晚上，一名密探突然闯入会场，环视一周后又匆忙离去。会议立即中

止,大部分代表转移,随后转到浙江嘉兴南湖的一艘游船上举行最后一天的会议。

大会的中心任务是讨论正式成立中国共产党的问题。大会通过中国共产党党纲,确定党的名称是中国共产党,规定党的纲领是:革命军队必须与无产阶级一起推翻资本家的政权;承认无产阶级专政,直到阶级斗争结束,即直到消灭社会的阶级差别,消灭资本家私有制,没收机器、土地、厂房和未成品等生产资料,归社会公有。党纲明确指出,把工人、农民和土地组织起来,承认党的根本政治目的是实行社会革命。大会决定要集中力量领导工人运动,首先是组织工会和教育工人,对开展工人运动的组织工作和宣传工作做了具体的规定。

大会选举陈独秀、李达组成中央局,陈独秀为中央局书记,张国焘为组织主任,李达为宣传主任。

党的第一次代表大会,正式宣告了中国共产党的成立。从此,在中国出现了新式的、以共产主义为目的、以马克思主义为行动指南的统一的工人阶级政党,这是中国历史上开天辟地的大事件。中国共产党的成立,使中国人民的革命斗争有了新的领导核心,从而为中国革命事业的胜利发展,提供了可靠的保证。正如毛泽东所说:"自从有了共产党,中国革命的面目就焕然一新了。"

革命统一战线的建立

中国共产党和国民党建立革命统一战线的政策,是在共产国际的指导下确定的。关于建立革命统一战线的政策,在共产国际第二次代表大会上,特别是1922年的远东会议上,已经明确地指出了在殖民地半殖民地国家,无产阶级可以而且应该和资产阶级民主派建立联盟,以进行民族民

主革命。

而中国的国情决定了要想取得打倒军阀的胜利,国共两党必须联合起来,建立广泛的革命统一战线。由于中国是一个半殖民地半封建的国家,革命的敌人极其强大而残暴,不但有封建军阀势力,而且有帝国主义势力。而中国共产党刚建立,无产阶级力量还不强大,不能独立领导革命取得胜利。国民党一次次起义均以失败而告终,孙中山等开始认识到实现三民主义,不能"单靠军人奋斗",而要依靠党的力量。但国民党的状况又令孙中山颇不满意,认为"大多数党员,都是以加入本党为做官的终南捷径",如果没有新生力量的注入,一扫国民党的暮气、涣散,国民革命难以成功。而国民党的改组工作,又使革命统一战线的建立成为可能。

从1922年9月起,孙中山开始进行改组中国国民党的工作。9月4日,孙中山在上海召开有53人参加的会议,商讨国民党改进事宜。他指定成立由茅祖权、陈独秀、覃振、丁维汾等九组成中国国民党改进案起草委员会。1923年1月1日,孙中山发表了他审定的由汪精卫、胡汉民起草的《中国国民党宣言》强调"革命事业,由民众发之,亦由民众成之"。8月,孙中山又派出以蒋介石为首并有中国共产党人张太雷等参加的"孙逸仙博士代表团",赴苏联考察党务和军事。10月,应孙中山之邀,苏联政府代表鲍罗廷到达广州,并被孙中山聘为政治顾问。10月24日,国民党改组特别会议在广州举行,孙中山委任廖仲恺、胡汉民和共产党人谭平山等九人为国民党临时中央执行委员,李大钊等五人为候补执行委员,负责进行改组国民党的工作,并筹备翌年1月在广州召开中国国民党第一次全国代表大会。11月12日,国民党临时中央执行委员会发表《中国国民党改组宣言》,公布《中国国民党党纲草案》《中国国民党章程草案》,同时在广州办理党员登记,建立广州市党部及区分部组织。

1923年底,孙中山在共产国际和中国共产党的帮助下,完成了改组的准备工作,形成并确立了"联俄、联共、扶助农工"三大政策,将国民党改组成为资产阶级、小资产阶级和无产阶级的民主革命的统一战线组织。

1924年1月20日至30日,在广州召开了第一次全国代表大会。出席代表有165人。大会通过了《中国国民党全国代表大会宣言》《中国国民党章程》《组织国民政府之必要案》等重要议案;选举了中央执行委员24人,其中有李大钊、谭平山、于树德等共产党人;选举了中央候补执行委员17人,其中有林伯渠、瞿秋白、毛泽东、张国焘等共产党人。

代表大会通过了由共产党人参加起草的《中国国民党第一次全国代表大会宣言》,正式确定了"联俄、联共、扶助农工"三大政策,重新解释了三民主义,使它在新的历史时期获得了新的革命内容。在民族主义方面过去只提反满,现在提出了反对帝国主义;民权方面过去只是抽象地提倡"自由、平等、博爱",现在主张平等的民权;在民生主义方面过去只有一个空洞的"平均地权"的政纲,现在提出了平均地权、节制资本的办法,承认"耕者有其田",并谋求改善工人、农民的生活。这就从根本上适应了新的历史潮流之要求。在基本原则上同中国共产党的民主革命纲领相一致,成为国共两党合作的政治基础和各个革命阶级建立革命统一战线的共同纲领。

但是应该指出,新三民主义在理论上和纲领上,毕竟没有逾越资产阶级民主主义的范畴,它同中国共产党的民主革命纲领还是有不同的,特别是二者在世界观、领导权、革命阶段的区分和革命彻底性等方面都存在着本质的差别。

国民党第一次全国代表大会的召开具有重大的历史意义,它标志着以国共两党合作为基础的革命统一战线正式建立,是中国革命热情高涨的新起点。

五卅运动

在1925年1月召开的中共第四次全国代表大会上,明确提出了无产阶级在民主革命中的领导权问题。5月1日,在广州又召开了广东全省农民代表大会与第二次全国性劳动大会,并成立了中华全国总工会,选出林伟民、刘少奇、邓中夏等25人为执行委员。中华全国总工会的成立,有力推动了工人运动和全国革命运动高潮的到来。

1925年5月14日,上海日本内外棉纱厂工人为抗议日本资本家无理开除中国工人而举行罢工。15日,当工人代表与厂方交涉时,日本资本家竟向罢工工人开枪,当场打死工人领袖、共产党员顾正红,打伤十余人。这一暴行成为五卅运动爆发的直接导火线。

事件发生后,上海日本纱厂2万多名工人立即罢工,学生及各界群众纷纷游行示威,声援工人斗争,抗议帝国主义暴行。5月28日,中共中央在上海举行紧急会议,决定把工人经济斗争转变为反对帝国主义的政治斗争。30日,学生、工人及其他群众代表2000余人,在南京路公共租界散发传单,进行演讲,揭露帝国主义枪杀工人、逮捕学生的罪行,遭到租界巡捕逮捕,仅南京路老闸捕房拘捕的学生就有100余人。万余群众集合于捕房门口,要求立即释放被捕学生。英国巡捕开枪射击,当场打死十多人,伤几十人,逮捕数十人,制造了震惊中外的"五卅"惨案。

帝国主义的血腥屠杀,使中国人民的反帝情绪更加激昂。惨案发生后,中共中央连夜召开紧急会议,决定领导各界人民举行罢工、罢市、罢课的"三罢"运动。6月1日,上海总工会公开成立,选举李立三为委员长,刘华为副委员长,刘少奇为总务科主任,宣布举行同盟总罢工;7日,成立了上海反帝运动的领导机关工商学联合会;11日,上海20万工人首先举行大罢工,学生、商人也纷纷以罢课、罢市响应,向帝国主义提出了惩凶、赔偿、取消领事裁判权,永远撤退驻华之英日军队,撤销"增加码头捐""交易所注册"等17项条件。国民党上海执行部也发表宣言,声讨帝国主义暴行,同时还组织了失业工人救济会,募捐援救罢工工人。上海工人阶级和小资产阶级的联合反帝斗争,沉重地打击了帝国主义。

为了镇压中国人民的反帝爱国运动,帝国主义出动了大批军队,并调集军舰20余艘,在黄浦江上进行恫吓。同时,他们勾结上海买办资产阶

级,用召开"关税会议"和停止借款、停止供电等办法引诱和威胁民族资产阶级,破坏和分裂反帝统一战线。在帝国主义的威逼利诱下,民族资产阶级表现出妥协动摇。上海各商店在6月23日停止罢市,开市营业。学生因暑期到来纷纷离校,工人阶级孤军奋战。随后,帝国主义又指使本系军阀,封闭了上海工商学联合会和上海总工会,秘密杀害了刘华。鉴于此种情况,共产党为了保存革命力量和工人阶级的组织,决定在取得一定的经济、政治要求后,停止总同盟罢工。

"五卅"运动是中国人民反帝斗争史上光辉不朽的一页,它把中国人民的反帝斗争引向了新的高潮,标志着革命大风暴的到来。"五卅"运动爆发后,全国各大城市和大多数中等城市,都先后爆发了各界人民群众的"三罢"斗争和抵制英、日货的运动,形成了空前的革命浪潮。

省港大罢工

省港大罢工是在中国共产党的直接领导下,为了支援上海工人阶级的反帝斗争,争取民族自由与独立,有准备有组织地进行的。

五卅运动掀起的大革命风暴迅速由上海席卷全国。北京、广州、青岛、武汉、天津等城市约有1200万群众,不顾帝国主义及其反动军阀的残酷镇压,先后起来响应上海人民的反帝斗争,形成了全国范围的反帝斗争新高潮。其中规模最大、时间最长,影响最深的是"省港大罢工"。

1925年6月19日,在共产党人苏兆征、邓中夏的领导下,省港数万工人举行罢工,声明支持上海界提出的17项交涉条件,并向香港当局提出政治自由、法律平等、普遍选举、劳动立法、居住自由等要求。香港当局不仅拒绝了工人的要求,还宣布戒严,并对广东革命政府实行封锁。愤慨的工人纷纷离港来到广州,准备同帝国主义进行长期斗争。21日,广州

沙面租界的中国工人也举行罢工。23日,在中华全国总工会的发动下,广州工人、学生、农民、商人、黄埔军校学生和从香港返回的罢工工人共10万人举行了反帝集会和示威游行,当队伍路过沙面租界对岸之沙基时,遭到英帝国主义的扫射和炮击,死亡52人,重伤170余人,造成"沙基惨案"。帝国主义的暴行更加激起了香港、广州人民的愤怒,参加罢工的工人迅速增加到25万人。

中国共产党为了加强对省港大罢工的领导,成立了以苏兆征为委员长、邓中夏为副委员长的省港罢工委员会。并组织了2000多人的工人纠察队,协同广大人民群众,严密封锁香港及沙面租界,分驻各海口码头,截留出口粮食,扣押走私货物,抵制英货,缉拿和严惩帝国主义走狗等。致使香港交通运输中断,工厂停工,公共事业瘫痪,肉食蔬菜供应断绝,商店货源枯竭,街道垃圾粪便堆积如山,蚊蝇成群,臭气熏天。使香港变成了"死港""臭港"。

"省港大罢工"坚持了16个月,直至1926年10月才宣告结束,它充分显示了中国工人阶级的伟大力量,在政治和经济上给帝国主义以沉重的打击,有力地支持和促进了广东革命根据地的统一和巩固。

北伐战争

广东国民革命根据地的日益巩固,以"五卅"运动为起点的人民革命运动的不断高涨,为北伐战争奠定了基础。

1926年1月,国民党召开"二大"时,就确定了北伐的方针。2月,中共中央在北京召开了特别会议,确定党的任务是从各方面准备北伐战争,以革命战争推断帝国主义和封建军阀在中国统治。

当时,北伐面临的敌人有三支:一是直系军阀吴佩孚,盘踞在湖南、

湖北、河南三省及陕西东部、河北南部，控制着京汉铁路，拥有军队20多万人；二是从直系分化出来自成一派的亲英美的军阀孙传芳，主要盘踞在江苏、安徽、浙江、福建、江西一带，拥有军队20万人；三是亲日的奉系军阀张作霖，占据着东北三省、津浦铁路的北段以及京津一带，拥有军队50万人。1926年6月，吴、张两军阀在帝国主义指使下，以"讨赤"为基础联合起来，以奉军为主在北方发动了对冯玉祥国民军的进攻；在南方，由吴佩孚挂帅，先出兵湖南，联合云、贵、川、闽、赣等地军阀，计划从三面围攻广东革命根据地。挂着"保境安民"旗号的孙传芳，也积极备战，伺机进攻广东。

北伐前夕，在湖南首先爆发了驱逐赵恒惕的运动。当时倾向革命的唐生智，向广东国民政府请援。国民政府即调派第四军的两个师和叶挺独立团及第七军一部赴湘援唐。1926年5月，叶挺独立团挺进湖南，揭开了北伐战争的序幕。

北伐战争开始时，国民革命军共8个军，10万余人。鉴于敌众我寡和军阀之间矛盾的情况，国民革命军制定了集中优势兵力，各个击破的方针。即先集中优势兵力消灭吴佩孚，再转向孙传芳，最后相继消灭张作霖及其他军阀势力。1926年6月4日，国民党中央通过出师北伐案。7月1日发布北伐动员令；4日通过《国民革命军北伐宣言》；9日，国民革命军在广州誓师，正式出师北伐。国民革命军以蒋介石为总司令，李济深为总参谋长，邓演达为总政治部主任。除李济深统领第四军一部，第五军大部留守广州，第七军一部留守广西外，其他各部均出师北伐。

北伐军首先于湖南激战。1926年5月底至6月初，入湘援唐的叶挺独立团首战告捷，连克汝城、永兴、安仁、攸县等地。7月初，北伐军第四、七、八军陆续到达湖南前线，连克株洲、醴陵，长沙守敌叶开鑫于7月9日弃城出逃；7月11日，北伐军进占长沙。8月中下旬，突破敌军汨罗江防线，连克平江、岳阳。至此，湖南全省为北伐军所占，战争转入湖北境内。当时，为阻止北伐军前进，吴佩孚在贺胜桥设立总司令部，亲自

督战，集中2万多主力扼守军事要道汀泗桥。8月27日，独立团和第四军各部得到当地农民的引导，出敌不意，攻克了汀泗桥，8月30日夺取了吴佩孚的指挥阵地贺胜桥。9月1日，北伐军打到了武昌城下；6日攻占汉阳；7日，占领汉口。10月10日，攻战武昌。至此，吴佩孚的主力基本上被消灭，北伐军在两湖战场取得了决定性的胜利。因叶挺独立团及所在的第四军在战斗中英勇善战，屡建奇功，因而赢得了"铁军"的光荣称号。

在两湖战场胜利在望之时，北伐军第二、第三、第六及第一、第五军各一部，独立第一师，于9月初就开始向江西的孙传芳发动了进攻，南昌得而复失。10月下旬，第四军主力奉调入赣。后经第二、三、四、六、七各军协力作战，于11月4日攻占九江，4天后再克南昌。孙传芳逃回南京，其在江西的主力部队绝大部分被歼灭，少数逃往浙江。

北伐军在江西战场取得胜利后，驻守潮、梅警戒粤、闽边境的第一军主力，开辟了福建战场，于10月中旬攻克永定、漳州等地。后未经大的战斗，于12月9日进入福州，继而收复福建全省。接着兵分三路，向浙江、安徽、江苏挺进。于1927年2月18日攻占杭州，3月中旬抵达上海附近。3月21日，上海工人举行第三次武装起义胜利后，北伐军乘胜进入上海。3月初，北伐军还在安徽轻取安庆、芜湖，再沿江而下，3月24日攻占南京。至此，长江中下游的东南五省全部处于北伐军控制之下。

由于北伐战争是国共两党共同发动和领导的反帝反封建的正义战争，得到了广大工农群众的热烈拥护和大力支持，而且还有共产党员、共青团员的先锋模范作用及苏联政府在物质上和军事上的帮助，利用北洋军阀内部的腐败和重重矛盾，使得北伐战争迅速取得胜利。

北伐军自出师以来不到10个月的时间就打垮了吴佩孚和孙传芳的主力部队，占领了湘、鄂、赣、闽、苏等省的全部或大部，把国民革命从珠江流域推进到长江流域，席卷了半个中国。这一胜利沉重地打击了帝国主义和封建军阀在中国的统治，为革命的进一步发展创造了极为有利的条件。

"四·一二"反革命政变

"四·一二"反革命政变是帝国主义、封建军阀和买办势力相勾结，国民党右派势力和蒋介石集团叛变革命以及以陈独秀为首的中共中央犯了严重的右倾投降主义错误，所共同造成的结果。

早在北伐战争中，蒋介石就通过1926年3月的"中山舰事件"和1928年5月的"整理党务案"，开始了反共反革命活动和篡夺革命领导权的步伐。随着北伐战争的胜利进军、工农运动的不断高涨，又开始反对工农运动。

北伐战争沉重打击了帝国主义在中国的殖民统治，帝国主义于是加紧了干涉和破坏中国革命的活动。1926年8月，英国"万流号"等轮船，在四川云阳江面撞沉中国木船，造成人员伤亡，被川军扣留。英国以此为借口，调来军舰于9月5日轰击万县城，打死打伤中国军民数千人，制造了万县惨案。当北伐军向长江下游发展时，英、美、法、日等帝国主义，纷纷调动军舰来华声言"联合保卫上海"。1927年3月24日，当北伐军占领南京时，英、法、美、日等帝国主义国家借口"保护侨民和领事馆"，下令停泊在下关江面的军舰炮轰南京，打死打伤中国军民2000多人，制造了震惊中外的南京惨案。帝国主义对中国革命在实行武装干涉的同时，还采取种种手段破坏和分化革命阵线。他们一面从财政、军事上继续支持北洋军阀势力，一面又改变其历来不承认南方革命政府的政策，策划南北妥协，以长江为界"南北分治"，以实现其分裂肢解中国的阴谋。

蒋介石在得到帝国主义和国内各反动势力的支持后，就开始对革命的绞杀。1927年1月，蒋指使张静江、陈果夫等非法占据了国民党江西省党部及许多县党部，派出大批爪牙充当农运特派员，勾结土豪劣绅、贪官污吏、捣毁农民协会，残害农会干部，另组假农会，制造了一系列反革命事件。

同时，蒋介石还同帝国主义、大买办、大地主及帮会流氓头子一起，在租界内开始反革命政变的交易。蒋表示："保证与租界当局及外国捕房取得密切合作，以建立上海的法律与秩序。"帝国主义在得到蒋介石的明确保证后，答应通过租界提供一切便利，并以驻扎上海的侵略军帮助蒋介石。青洪帮头子黄金荣、杜月笙等答应给蒋组织大批流氓打手。

　　在这紧要关头，中共中央总书记陈独秀，对蒋介石反革命叛变的阴谋活动竟然熟视无睹，不做任何应付突然事变的准备。他于4月5日，与汪精卫抛出了《汪陈联合宣言》，声称蒋介石"决无驱逐支党，摧残工会之事"，要工人群众"不听信任何谣言"，还要求革命人民同蒋介石"开诚合作，如兄弟般亲密"。这个宣言，实际上成了掩护蒋介石屠杀共产党人和革命者的烟幕弹。

　　一切准备就绪后，蒋介石于4月11日下达"清党"命令，开始了一场反革命政变。当天深夜，帝国主义军队越过租界，搜查、拘捕共产党员和革命工人1000余人，并解送到龙华蒋军司令部。12月凌晨，全副武装的青洪帮流氓打手，袖缠"工"字符号，冒充工人，袭击各区工人纠察队。当工人纠察队奋起自卫时，早已准备好的反动军队，以"调解工人内讧"为名，收缴了工人纠察队的枪械。工人纠察队牺牲120人，伤180人，上海总工会也被流氓、党棍占据。12日，上海10多万工人在闸北青云路广场集会，抗议蒋介石的反动暴行。下午，群众冒雨游行，高呼"还我武装""打倒新军阀"等口号。当游行队伍行至宝山路时，遭到埋伏在那里的反动军队开枪扫射，当场牺牲100余人，伤者无数。接着，反动派解散了上海总工会，查封革命组织，捕杀共产党员和革命者，白色恐怖笼罩上海。这就是"四·一二"反革命政变。从此，反革命大屠杀迅速蔓延。4月15日，广东也发生了反革命政变，实行"清共"，大肆逮捕、屠杀共产党员和革命群众。在江苏、广西、浙江、福建、四川等省都相继实行"清党"，无数共产党员和工农群众遭到迫害。

　　"四·一二"反革命政变，标志着革命统一战线发生了严重分化，蒋

介石公开投敌，大革命遭到局部失败。

"八一"南昌起义

大革命惨痛失败的历史教训，使中国共产党认识到武装斗争的重要性，他们决心进行武装反抗，以革命的武装来反对反革命的武装。南昌起义就是中国共产党为挽救革命失败而发动的。

在革命的危急关头，1927年7月12日，根据共产国际的指示，中共中央进行了改组，陈独秀停职检查，成立临时中央政治局常委会，并决定在江西南昌举行武装起义。由于南昌有着比较深的革命斗争传统。大革命时期，方志敏在南昌举办过江西农民运动讲习所，传指革命思想，培养农民运动骨干，开展革命活动。1926年11月，北伐军进入南昌后，江西的工农运动蓬勃发展，建立了良好的群众基础。而且在这一地区当时敌我力量对比上，革命力量占优势。国民党在南昌方面的力量比较薄弱，总计3千余人。共产党掌握的武装力量主要有：叶挺领导的第二十四师、贺龙领导的第二十军、由原叶挺独立团的骨干改编而成的第二十五师。此外，共产党还掌握有朱德领导的第三军军官教导团和南昌市的警察部队，总兵力约3万人。

1927年8月1日，南昌起义爆发。由周恩来、贺龙、叶挺、朱德、刘伯承等领导。起义军经过四五个小时的激战，全歼守敌，占领南昌城。

为了争取和团结国民党中一部分愿意继续革命的分子，这次起义仍使用国民党左派的旗帜。起义成功后，在南昌召开国民党左派参加的联席会议，成立了中国国民党革命委员会。通过《联席会议宣布》和《中央委员宣言》，主要内容包括：确立革命的新根据地，坚持革命的三民主义，继续不妥协地反对帝国主义，继续为解决土地问题而打倒乡村封建地主阶级

反动势力而奋斗，扫除蒋、冯、唐等新式军阀。同时，由周恩来、贺龙、叶挺、刘伯承等组成参谋团，作为军事指挥机构。部队经过整编后，仍沿用国民革命时的番号。

南昌起义使敌人大为震惊，蒋介石、汪精卫立即分别调动兵力围攻南昌。在敌我力量悬殊的情况下，8月3日，起义部队按照中共中央的指示，开始撤离南昌，计划南下广东，夺取海口，求得外援，恢复广东根据地，以图重新举行北战。起义军在南下途中同国民党军队进行多次激烈战斗，于9月底占领三河坝，潮州、汕头后，由于沿途分兵留守，致使主力部队仅剩6000余人转兵西进。10月初汤坑（今丰顺）、三河坝一带遭到优势敌军的围攻，激战数日而告失败。余下的部队，一部1200人由颜昌颐、董郎率领进入海陆丰地区；一部约2000人，由朱德、陈毅率领退出广东，经过江西，转入湘南开展游击战争。

南昌起义打响了中国共产党反抗国民党的第一枪，从此，开始了中国共产党独立领导革命武装斗争的新时期。8月1日成为中国人民解放军建军节和武装夺取政权的开端。

红军反"围剿"战争

红军的发展，农村革命根据地的扩大和土地革命的深入，革命力量的迅猛发展，成了国民党蒋介石的"心腹之患"。1930年，蒋介石与冯玉祥、阎锡山之间的中原大战结束后，立即调集重兵，对红军和革命根据地发动围剿，而红军和根据地人民则展开了反"围剿"的斗争。

1930年10月，蒋介石纠集10万兵力，以江西省主席鲁涤平为总司令，张辉瓒为前线总指挥，采取分进合击的方针，发动第一次"围剿"。毛泽东、朱德领导4万红军，采取诱敌深入，集中兵力，中间突破的方针，将

敌主力诱至龙岗地区加以歼灭。这次初战告捷,歼敌9000多人。活捉敌军总指挥张辉瓒,吓得各路敌军纷纷撤退,红军乘胜追击,又歼敌半个师。红军在五天内打了两仗,歼敌万余人,敌枪万余支,粉碎了敌人的第一次"围剿"。

1931年4月,蒋介石调集16个师23个旅,共20万人,由何应钦任总司令,采取步步为营、稳扎稳打的战术,从江西吉安到福建建宁,筑成一道800里长的战线,兵分四路,向中央根据地发动第二次"围剿"。这时,红一方面军只有3万多人,在毛泽东、朱德指挥下,采取集中兵力,先打弱敌,并在运动中各个歼灭敌人的作战方针,第一仗先打富田地区的王金钰师和公秉藩师,消灭了公秉藩师全部和王金钰师一个旅的大部。接着红军由西向东横扫过去,首先在白河全歼王金钰师一个旅的残部和郭华家师的一部,敌方郝梦龄师不战而从藤田逃回永丰;红军又在中村歼灭高树勋旅大部;广昌一战,敌方朱绍良第八路军逃往南丰,红军击毙敌第五师师长胡祖钰,胡部当夜北逃。然后红军乘胜之威,向东横扫,勇挫强敌,15天行程700里,打了5次胜仗,歼敌3万余人,缴枪2万余支,胜利地粉碎了敌人的第二次"围剿"。

蒋介石两次"围剿"红军惨败后,仍不甘心。1931年7月,又发动了第三次"围剿",蒋介石亲任总司令,坐镇南昌,集中30万兵力,采取长驱直入,分进合击的战略,分左、中、右三路,由南丰、南昌、吉安三面向中央苏区进攻,企图消灭红军于赣江东岸。面对10倍于己的强敌,毛泽东、朱德指挥红军,从建宁绕道千里回师赣南兴国,采取诱敌深入,打其虚弱的方针,突然向东出击,三战三捷,歼灭3个敌师的大部分,当敌主力掉头东进,寻找红军主力时,红军主力则巧妙地穿越敌军间隙返回兴国。等敌人发觉后,掉头西进时,红军已休整半个月。敌人疲惫不堪,只好退却,红军又乘胜追击,打了三个胜仗。这样,从7月至9月,为时3个月,红军共歼敌3万余人,缴枪2万余支,粉碎了敌人的第三次"围剿"。经过三次反"围剿"的胜利,赣南、闽西两块根据地连成一片,拥

有人口300余万。

与此同时，其他革命根据地也都取得反"围剿"的胜利和发展。鄂豫皖根据地的红军打下黄梅，占领广济，攻克英山，击败敌人七个师兵力的进攻。贺龙领导湘鄂西根据地的红军解放潜江，夺取天门，打败了蒋介石四个师兵力的进攻。赣东北的红十军也取得许多重要胜利。在红军胜利的影响下，被蒋介石驱赶到江西"剿共"的国民党第二十六路军一万余人，由赵博生、董振堂领导于1931年12月，在宁都起义加入了红军。

根据地反"围剿"斗争的胜利巩固并扩大了革命根据地，红军发展已达到10万人以上，为革命的继续向前发展提供了保证。

"九一八"事变

1931年9月18日，日本帝国主义对我国东北悍然发动了武装进攻。"九一八"事变是日本帝国主义蓄谋已久侵略中国的结果。

日本利用同清朝政府订立的不平等条约，从中国东北的南部掠取了一块殖民地扩张为基地"关东州"，设立了殖民机构"南满铁道株式会社"（简称"满铁"），建立了一支推行殖民政策的军事力量——"关东军"。日俄战争后，日本在满蒙取得了更多特权。奉系军阀张作霖统治东北时期，日本在东北掠得了更多的权益。1927年4月，日本内阁首相田中义一在给日本天皇的秘密奏折中说"惟欲征服支那，必先征服满蒙，如欲征服世界，必先征服支那""此所谓满蒙者，依历史非支那之领土，亦非支那特殊区域"。显然，当时日本已把独占"满蒙"作为它的国策公开化了。

1929年冬，空前的经济危机席卷了整个资本主义世界，日本经济也濒临崩溃。1931年，日本工业总产值比1929年下降了32.4%，其中重工业下降了50%，对外贸易额减少了40%，失业人数增加到300多万。危机

也波及农业，使农产品价格锐减，农民遭受着更为残酷的剥削，因而负债累累。国内阶级矛盾日趋尖锐，斗争遍及各地。日本帝国主义为了寻找出路，对内采取高压政策，加速了军国主义化；对外加强对殖民地的掠夺，进一步发动对中国的侵略。

日本侵略中国首当其冲是东北。因为东北是日本重要的原料供应地。1930年，日本从中国东北进口的物资占日本整个进口的31%，日本进口的64%的煤、46%的生铁、76%的豆类都是由中国东北供应的。东北还是日本最大的投资场所和商品销售市场。1930年，日本在中国东北的投资占外国对东北投资总额的73%。所以，日本把东北视为它的"生命线"。

为了侵占中国的东北，日本政府还进行了各方面的准备。1929年，日本参谋本部和关东军司令部先后四次秘密派遣特务，侦察中国东北地区，以制定武力进攻的方案。1931年6月，日本军部制定了《解决满州问题方策大纲》，确定了"采取军事行动"，占领"满蒙"的方针。同时，又竭力为侵华战争大造舆论。日本关东军高级参谋板垣征四郎叫嚣："满蒙对帝国的国防和国民的经济生活有很深的特殊关系。""由于帝国掌握着满蒙战略关键的据点，在这里形成了帝国国防的第一线。"又说："满蒙的资源是很丰富的，有着作为国防资源所必需的所有资源，是帝国自给自足所绝对必要的地区。"

日本帝国主义又先后在东北制造一系列挑衅事件，作为武装进攻的借口。1931年7月，日本在吉林省长春市北郊的万宝山，制造了屠杀中国农民的挑拨中、朝两大民族关系的"万宝山事件"。8月，又借口日本间谍中村大尉失踪，大肆制造侵略中国的舆论与气氛，并把大批侵略军开进东北，向沈阳集中，叫嚣必须"武力解决"。9月上旬，日本军队开始在沈阳进行军事演习，向中国军队示威。

经过精心策划，1931年9月18日夜，日本关东军自行炸毁沈阳北郊柳条湖附近南满铁路的一段铁轨，反以诬蔑中国军队破坏铁路为借口，突然袭击东北军驻地北大营和沈阳城，挑起了"九一八"事变。一夜之间，

全国的最大兵工厂、制造炮厂及200架飞机全部落入日军手中,中国方面损失达18亿元以上。接着,日军又在几天内侵占安东(丹东)、海城、营口、辽阳、鞍山、本溪、抚顺、四平、长春等20多座城市。在4个月的时间内,东北三省百万平方公里的河山即沦为日本的殖民地,3000万同胞沦为亡国奴。

"九一八"事变能够这样快发生,又与以蒋介石为首的国民党政府对日本的侵略实行不抵抗政策有关。事变发生之时,日本关东军只有1万多人,而关外的中国东北军有十几万人。事变前,蒋介石于8月16日电示张学良:"无论日本军队此后如何在东北寻衅,我方应不予抵抗,力避冲突。"事变发生之后,国民党政府又电告东北军:"日军此举不过寻常寻衅性质,为免除事变扩大起见,绝对抱不抵抗主义。"正是这种不抵抗政策下,东北军部队在日军的侵略面前,除小部分违反蒋介石的命令奋起抵抗外,其余均不战而退。

"九一八"事变的爆发,标志着日本大规模公开侵略中国的开始。同时,日本的侵略激起了中国人民的强烈义愤,一个群众性的抗日爱国运动很快在全国兴起。从此,中国国内的主要矛盾也开始激化。

红军万里长征

以教条主义为主要特征的王明"左"倾冒险主义在中央苏区的广泛推行,直接导致了红军第五次反"围剿"的失败,迫使红军不得不进行战略转移。

1934年10月10日晚,中共中央率红一方面军主力及中央机关和直属部队共8.6万人,分别从瑞金、雩都地区出发,被迫实行战略大转移。留下部分红军1.6万人(另有伤病员万余人)和部分党政工作人员,在项英、

陈毅等领导下坚持当地斗争。

在长征初期,"左"倾冒险主义者又实行退却中的逃跑主义。部队出发前,政治局既没有讨论,又没有做深入的政治动员,在军事上又不能把握有利时机主动地歼灭敌人,而是让红军以消极的防御作战来掩护庞大的后方机关转移,使红军陷于被动。广大指战员虽然英勇奋战,连续突破了敌人设置的四道封锁线,但人员折损过半,到达湖南通县时,只剩下3万人。但"左"倾机会主义者却不顾一切,仍然坚持去湘西的计划,使红军面临全军覆没的危险。此时,国民党已判断出红军向湘西转移的意图,便集结重兵,阻挡两部红军会师,并企图一举消灭中央红军。在危急关头,毛泽东力主放弃原定和二、六军团会师的计划,改向敌人力量薄弱的贵州进军,这一主张在1934年12月召开的政治局会议上得到多数人的赞同。1934年12月底,红军到达乌江边的猴场。1935年1月1日,中共中央政治局又在猴场召开了会议,重申创建川黔根据地,并向川南发展的战略方针。会后,红军打响了强渡乌江的战斗,消灭了贵州军阀王家烈的4个团,乘胜占领了黔北重镇——遵义。

1935年1月,中共中央在遵义召开了政治局扩大会议,集中解决了当时具有决定意义的军事问题和组织问题。成立了由毛泽东、周恩来、王稼祥组成的三人指挥小组,全权指挥军事,结束了王明"左"倾机会主义在党中央的统治。遵义会议后,中央红军进行整编、紧缩机关,充实连队,决定北上与红四方面军会合。1月19日,红军离开遵义,移师北上,一渡赤水河,进入扎西。2月下旬又挥师东进,二渡赤水,重入遵义。3月中旬,红军迅速跳出敌合围圈,三渡赤水,再入川南。随后,又出敌不意地四渡赤水,南渡乌江,佯攻贵阳,乘滇军援贵之际,直插云南,做威胁昆明之势。接着红军又向西北方向急进,于5月初巧渡金沙江。至此,中央红军摆脱了数十万敌军的围追堵截,取得战略转移中具有决定意义的胜利。

1935年5月,红军顺利通过大凉山彝族地区,强渡大渡河,飞夺泸定桥,进入川康边境。6月,红军翻过了终年积雪的夹金山,占领了四川懋

功,同四方面军胜利会师。中共中央根据会师后的形势,确定了北上建立川陕根据地的战略方针。但当时在四方面军担任领导工作的张国焘却对革命前途悲观失望,主张向川康边界退却。为了统一战略方针,1935年6月26日,中共中央在两河口召开了政治局会议,通过了《关于一、四方面军会合后战略方针的决定》,否定了张国焘的错误主张,明确指出两军会师后的战略方针是:"集中主力向北进攻,在运动战中大量消灭敌人,首先取得甘肃南部,以创造川陕甘苏区根据地。"7月,红军连续翻越几座大雪山,到达毛儿盖。8月3日,红军总部决定把一、四方面军混合编成右路军和左路军。中共中央随右路军行动。左路军由张国焘率领,朱德、刘伯承随左路军行动。随后,左、右路军分别从卓克基、毛儿盖等地出发,跨过荒无人烟的茫茫草地,于8月下旬先后到达阿坝和巴西地区。

9月,张国焘拒绝执行中央北上方针,自恃枪多势众,要挟右路军和中共中央南下,甚至企图危害中央。毛泽东、周恩来、张闻天、博古等在巴西紧急磋商,决定迅速离险区,率右路军中的红一、三军和军委纵队先约北上。9月12日中央政治局在川甘边俄界召开扩大会议,通过了《关于张国焘同志错误的决定》,并再次电告张国焘改正错误,率部北上。但张国焘却顽固坚持其错误主张,命令左路军和右路军中的原四方面军四军、三十军南下,并于10月在卓木碉公然另立中共中央。朱德、刘伯承等在艰难的处境下与张国焘的分裂主义错误进行了不懈的斗争。

俄界会议后,中共中央率领红一、三军和军委纵队,攻克甘南天险腊子口,越过岷山,到达哈达铺,部队改编为中国工农红军陕西甘支队。9月27日占领榜罗镇。中央政治局召开会议,正式决定以陕北作为领导中国革命的大本营。之后,中共中央率部越过六盘山,于10月19日抵达陕北吴起镇,与红十五军团胜利会师,结束了红一方面军的长征。11月17日,中共中央机关到达陕甘根据地中心瓦窑堡,及时解放了刘志丹等被迫害的干部,纠正了陕北肃反扩大化的错误,使陕甘根据地转危为安。11月20日至24日,红军在直罗镇全歼国民党军一个师又一个团,为中共中央

把全国革命大本营放在西北，举行了一个奠基礼。

1935年11月，红二、六军团奉命退出湘鄂川黔根据地，开始转移。随后，红二、六军团合编为红二方面军，贺龙任总指挥，任弼时任政治委员。1936年7月2日红二方面军到达西康甘孜与红四方面军会师。此时，红四方面军由于张国焘的错误领导，损失严重，只剩下4万余人，同南下时相比已减员过半，张国焘不得不于6月6日宣布取消他的第二"中央"。两支部队会合以后，红二、六军团奉中共中央电令编为红二方面军，贺龙任总指挥，任弼时任政委。在朱德、刘伯承、任弼时、贺龙、关向应等力争下，红二、四方面军决定共同北上同中央会合。1936年10月，红一、二、四方面军在甘肃会宁胜利会师。至此，红军主力长征结束。

中国工农红军第一、二、四方面军，以坚韧不拔的革命精神，经过整整两年的艰苦奋战，胜利完成跨越赣、闽、粤、湘、桂、黔、

红军长征

滇、川、康、甘、宁、陕等12省，经过汉、苗、壮、彝、藏、回约2亿人口的不同民族地区，总路程达2.5万里以上的长征。虽然失去了原有的根据地，损失了相当大的力量，但是保存和锻炼了中国共产党和红军的骨干，沿途播下了革命的火种。革命的中心由江西移到陕甘地区，迎来中国革命的新曙光，正如毛泽东同志所言："长征是历史记录上的第一次，长征是宣言书，长征是宣传队，长征是播种机"，"长征是以我们的胜利，敌人失败的结果而告结束"。

遵义会议

第五次反"围剿"的失败和长征初期红军遭受的严重挫折，加大了许多指战员和党政干部对于中央军事指挥的错误，而遵义会议就是在这种情况下为挽救中国革命的危机而召开的。

1935年1月15至17日，中共中央在遵义召开了政治局扩大会议。出席会议的政治局委员有博古、张闻天、周恩来、毛泽东、朱德、陈云；政治局候补委员王稼祥、刘少奇、邓发、何克全；红军总部和各军团负责人刘伯承、李富春、林彪、聂荣臻、彭德怀、杨尚昆、李卓然，以及中央秘书长邓小平。李德及翻译伍修权列席了会议。

这次会议集中全力解决当时具有决定意义的军事上和组织上的问题。

博古在会上首先做了关于反对第五次"围剿"的总结报告，他把第五次反"围剿"失败的原因归结于敌人力量的强大和中央苏区建前工作的不力等，为错误的军事领导进行辩护。然后，周恩来就军事问题做了副报告。毛泽东在会上做了重要发言，对博古、李德军事指挥上的错误进行了切中要害的分析和批评，并阐述了中国革命战争的战略战术问题和此后在军事上应采取的方针。王稼祥在发言中也批评了博古、李德，支持毛泽东的正确意见。周恩来、朱德、刘少奇等多数与会者也发言不同意博古的总结报告，同意毛泽东、张闻天、王稼祥的意见。

遵义会议

会议结束后增选毛泽东为中央政治局常委，取消博古、李德的最高军事指挥权，决议仍由中央军委主要负责人周恩来、朱德指挥军事。随后，根据会议精神，常委进行分工，由张闻天代替博古负总责，毛泽东、周恩来负责军事。在行军途中，又组成由毛泽东、周恩来、王稼祥参加的三人军事指挥小组，负责指挥全军的军事行动，这是当时中共中央最重要的领导机构。

在紧急形势下举行的遵义会议，没有全面地讨论政治路线方面的问题。但是，解决了当时党内所面临的最迫切的军事问题，改组了中央的领导，结束了"左"倾教条主义在中共中央的统治，实际上确立了以毛泽东为代表的新的中央的正确领导，把党的路线转移到马克思主义轨道上来。遵义会议又是在中国共产党和共产国际联系中断的情况下独立自主召开的。这次会议在极端危急的历史关头挽救了中国共产党，挽救了红军，挽救了中国革命，是中国共产党历史上一个生死攸关的转折点，它标志着中国共产党在政治上开始走向成熟。

"一二·九"运动

"一二·九"运动是在中华民族危机日益深重及中国共产党的抗日救国号召下爆发的。

日本帝国主义的加紧侵略和国民党政府的不抵抗政策，使民族危机空前严重。1935年8月1日，当红军还在长征途中的时候，中国共产党驻共产国际代表团根据共产国际"七大"关于建立广泛的反法西斯统一战线的决议，以中华苏维埃中央政府和中共中央的名义，发表了《为抗日救国告全体同胞书》，即著名的"八一宣言"，明确提出了建立抗日民族统一战线的主张。同年11月，中共中央和中央红军到达陕北后，即发表了《为日

本帝国主义并吞华北及蒋介石出卖华北出卖中国宣言》。28日，毛泽东、朱德又分别代表中华苏维埃共和国政府和中国工农红军革命军事委员会联名发表了《抗日救国宣言》，进一步号召全国人民拥护与参加中国共产党领导的抗日反蒋斗争；重申苏维埃政府和红军愿意与一切抗日反蒋的政治派别、武装部队、社团团体和个人订立抗日作战协定，并且愿意同他们组织抗日联军和国防政府；宣言还提出了抗日救国的十大纲领。

中国共产党的抗日救国号召和红军长征的胜利，鼓舞了全国人民，推动了全国抗日反蒋运动的发展。1935年12月9日，地处国防前线的北平大、中学生数千人，在中共北平临时工委和北平学联的领导下，冒着零下20度的严寒，冲破国民党军警的阻挠，拥向街头，举行了声势浩大的抗日救国示威游行。他们高呼"打倒日本帝国主义""反对华北自治""停止内战，一致抗日"等口号，汇集在新华门前广场，向国民党北平当局请愿，要求抗日救国。当游行队伍行至王府井大街南口时，遭到了手持大刀、水龙、皮鞭、木棍的国民党军警镇压。手无寸铁的学生与反动军警进行了英勇的搏斗，最终30人被捕，百余人受伤。12月10日，全市学生举行总罢课，强烈抗议反动当局的暴行，并积极准备进一步的斗争。16日晨，冀察政务委员会宣告成立；北平各大中学校学生组成四个大队，冲破反动军警的包围，举行大规模的游行示威，并在天桥召开了有数万人参加的市民大会，通过了《不承认冀察政务委员会》《反对华北任何傀儡组织》《收复东北失地》等决议案。国民党军警又一次时学生大打出手，打伤学生近400人，逮捕学生领袖和积极分子30余人。但学生的英勇斗争迫使"冀察政务委员会"宣布延期成立。

北平学生的爱国行动很快得到了全国各地学生的广泛响应与支援。杭州、广州、天津、上海、武汉等地学生先后举行声势浩大的示威游行，响应北平学生抗日爱国的行动。中华全国总工会号召全国工人，声援北平学生的爱国运动，举行抗日大罢工。上海80万工人通电全国，要求国民党政府出兵抗日，惩办卖国贼，挽救民族危亡，各地爱国人士、爱国团体也纷纷发表宣言和通电，呼吁停止内战，一致抗日。

为了使学生抗日救亡运动坚持和发展下去，中共中央和青年团中央号召学生走出学校，"到工人中去，到农民中去，到军队中去"。1935年底，在北平地下党组织和平津学联的具体组织和领导下，平津500余学生组成四个南下扩大宣传团，沿平汉路徒步南下，深入固安、高碑店、保定等地开展抗日宣传，推动了群众性的抗日救亡运动，使爱国学生运动同工农群众运动结合起来。1936年2月，北平地下党组织在南下宣传团的基础上成立了"中华民族解放先锋队"。它是中国共产党领导的抗日民主先进青年的群众组织，成为抗日救亡运动的一支骨干力量。

"一二·九"运动，具有重大的历史意义。它冲破了国民党和日本侵略者的恐怖统治，揭露了日寇妄图吞并中国的阴谋，打击了国民党政府的对日妥协投降政策，有力地宣传了中国共产党的"停止内战，一致抗日"的主张，促进了中华民族的觉醒，推动了全国抗日救亡运动的进一步高涨，为抗日战争做了思想上和干部上的准备；一二·九运动为知识青年指出了革命的正确方向，即在中国共产党的领导下，走与工农兵群众相结合的道路，投身伟大的人民革命的洪流。

西安事变

在全国抗日救亡运动的推动和中国共产党建立抗日民族统一战线的号召下，国民党阵营进一步分化。蒋介石调驻在陕西的张学良东北军和杨虎城第十七路军（又称西北军）为进攻红军的主要力量，受到红军的沉重打击，蒋介石不仅不予补充，反而取消其被歼部队番号。张、杨十分不满，感到对红军作战没有出路，下级军官和广大士兵更是厌倦内战，要求抗日的情绪日趋高涨。

而中国共产党鉴于东北军、西北军所处的特殊政治地位及广大官兵要求抗日的情绪，在争取国民党最高当局联合抗日的同时，加强了对这两支部队的统战工作。1936年1月，毛泽东、周恩来、朱德以红军将领的名义致书东北军全体将士，阐明中共的抗日主张，明确表示红军愿意同东北军首先停战，共同抗日，并且释放了被俘的东北军军官，与张学良等在延安会谈，商讨了逼蒋抗日的可能性。

10月，蒋介石调集嫡系部队约30个师从河南开入西北"剿共"前线。12月4日，蒋介石再次飞抵西安，逼迫张、杨执行"剿共"命令，否则即将东北军、西北军分别调驻福建和安徽，由中央军进驻陕甘两省"剿共"。张、杨既不想参加内战，也不想离开西北。张多次劝说蒋介石放弃内战政策，杨拒不服从"剿共"命令。而蒋介石毫无悔悟之意，表示"剿共"政策至死不变。张、杨"苦谏"失败后，便开始筹划"兵谏"，逼蒋抗日。

12月12日凌晨，震惊中外的"西安事变"爆发。张学良卫队包围了临潼华清地，扣留了蒋介石；杨虎城部控制了西安全城，扣押了陈战、卫立煌等国民党军政要员。随即向全国发出通电，陈述事变动机完全出于抗日救国，对蒋介石"保其安全，促其反省"，并提出：改组南京政府，容纳各党各派共同负责救国；停止一切内战；立即释放上海被捕之爱国领袖；释放一切政治犯；开放民众爱国运动；保障人民集会结社一切政治自由；确实遵行孙中山遗嘱；立即召开救国会议等抗日救国的八项主张。同时，张、杨还电告中共中央，邀请代表团来西安参与决策，共商大计。

西安事变引起了国内外各派政治势力的强烈反响。英、美两国政府从维护其切身利益出发，避免南京政府为亲日派所控制，因而极力支持营救蒋介石，和平解决西安事变。苏联则从外交政策上考虑，希望同南京政府改善关系，力主事变和平解决，竟公然斥责张、杨这一爱国义举。日本政府竭力破坏中国的团结抗日，挑动内战，公开威胁南京当局，暗中支持武力"讨伐"，以便实现灭亡中国的野心。

在国内，西安事变的爆发，完全出乎南京政府的意料，以军政部长何

应钦为首的亲日派极力主张明令"讨伐"张、杨,炸平西安,欲置蒋介石于死地,以便取而代之。以宋子文、宋美龄为代表的亲英美派则力主用和平方式营救蒋介石。国民党左派人士冯玉祥等也主张和平解决,以避免内战。东北军和西北军将士及西安大多数民众要求公平,枪毙蒋介石。张学良主张和平解决事变,杨虎城倾向于惩办蒋介石。

西安事变的消息传至陕北,中共中央政治局在深入讨论之后,于19日发出《中央关于西安事变及我们的任务的指示》,指出,西安事变的发动,是中国一部分民族资产阶级的代表,也是国民党中的实力派之一部,不满意南京政府的对日政策,要求立刻停止内战一致抗日,并接受了共产党抗日主张的结果。并指出事变的发展可能有两个前途:一是爆发内战,削弱全国抗日力量,推迟全国抗战的发动,这是日本帝国主义及其走狗亲日派所欢迎的;二是结束"剿共",使停止内战一致抗日的主张得到早日实现。中共中央从民族利益的全局出发,提出了和平解决西安事变的基本方针。12月15日和19日,中共中央先后两次发出通电,坚决支持张、杨的爱国立场,重申国共合作,团结救国的一贯主张,阐明和平解决西安事变的根本立场。

12月23日,宋美龄、宋子文代表南京方面,张学良、杨虎城代表西安方面;周恩来作为中共全权代表,正式开始三方面会谈。经过两天的谈判,达成了六项协议,即:改组国民党与国民政府,驱逐亲日派,容纳抗日分子;解放上海爱国领袖,解放一切政治犯,保障人民的自由权利;停止"剿共"政策,联合红军抗日;召集各党各派各界各军的救国会议,决定抗日救亡方针;与同情中国抗日的国家建立合作关系;其他具体救国办法。蒋介石当面向周恩来表示:"停止剿共,联合抗日。"但对六项协议,他不愿书面签字,而以"领袖人格"担保,回南京后分条逐段实行。

西安事变的和平解决,成为扭转时局的关键。从此,十年内战的局面基本结束,为国共两党重新合作和抗日民族统一战线的建立准备了必要的前提,成为由国内战争走向抗日民族战争的历史转折点。

第二次国共合作

面对日本帝国主义对中国的大肆进攻，中华民族危机日益深重，国共两党再度合作，为抗日战争的胜利奠定基础。

瓦窑堡会议后，中共为促成抗日民族统一战线的形成，采取了各项措施。1935年12月23日，中共中央政治局通过了《关于军事战略问题的决议》，确定红军的战略方针是"把国内战争同民族战争结合起来，准备对日作战力量，扩大红军"。为了贯彻执行决议精神，中共中央把红一方面军和陕北红军变为"中国人民红军抗日锋军"，并于1936年2月17日发表《东北宣言》。当蒋介石调遣中央军七个师10万人阻止红军东征，为了顾全抗日大局，中共中央决定红军回师陕北，于5月5日发布《停战议和一致抗日通电》，揭露蒋介石、阎锡山阻拦红军抗日的错误行为，敦促南京政府幡然改悔，通电正式放弃了反蒋抗日的口号，第一次公开把蒋介石看作联合对象。8月25日，中共中央发表《致中国国民党书》，对国民党五届二中全会宣言和蒋介石报告中的若干转变表示了诚恳的欢迎。同时要求国民党把敌对的目标由国内移向日本侵略者，恢复孙中山先生"联俄、联共、扶助农工"的三大政策，集中国力，一致对外，以结成全民族的坚固的统一战线。在信中，中共用"民主共和国"口号代替"人民共和国"的口与，以便动员和团结一切赞成民主，拥护抗日的阶级、阶层和个人参加抗日民族统一战线。9月1日，中共中央向全党发出《关于逼蒋抗日问题的指示》，指出：目前中国人民的主要敌人是日本帝国主义，把蒋介石与日本帝国主义同等看待是错误的，"抗日反蒋"的口号应改为"逼蒋抗日"。1935年12月6日，又发出《关于改变对富农策略的决定》，变过去反对富农为中共富农的政策。1936年7月，又做出《关于土地政策指示》，除对汉奸、卖国贼的土地予与没收外，其他小商人、手工业等不在没收之列。这些政策的调整，有利于团结一切可能抗日的阶级、阶层，促进了抗日民族统一战线的形成。

国民党方面为商讨西安事变后的国共关系和对日政策，于1937年2月15在南京召开国民党五届三中全会。会上接受了宋庆龄、冯玉祥等人提出的"恢复孙中山手订联俄、联共、扶助农工三大政策案"。并通过了《根绝赤祸之决议》《促进救国大计案》等决议案，在原则上接受了中共关于团结抗日的主张，成为国民党最高当局由内战、"剿共"和对日妥协向和平统一、团结抗日转变的重要标志，也是以国共合作为基础的抗日民族统一战线初步形成的历史标志。

日本发动"七七"事变后，尽快实现国共两党重新合作，建立抗日民族统一战线，成为中华民族的当务之急。从1937年2月至9月下旬，国共两党就红军改编、苏维埃改制、合作纲领等问题进行了六次谈判。7月15日，中共中央向国民党递送了《中共中央为公布国共合作宣言》，提出了抗日三项主张。"八一三事变"后，抗日战争全面爆发，加快了国共合作的步伐。8月22日，国民政府军事委员会公布了红军改编为国民革命军等第八路军的命令，成立总指挥部，委任朱德为总指挥，彭德怀为副总指挥。

9月22日，国民党中央通讯社发表了《中共中央为公布国共合作宣言》，23日，蒋介石在庐山发表谈话，承认中共的合法地位。至此，以国共两党合作为基础的全国抗日民族统一战线正式建立。

七七事变

经过有步骤的准备，日本帝国主义对北平西南卢沟桥的中国驻军发动突然袭击，全面侵略中国的战争开始了。中国驻军奋起抵抗，揭开了全国抗日战争的序幕。

日本军部1937年对华作战计划规定：华北方面以8个师团占领北平和天津及青岛、济南、福州附近要地；华中方面以3个师团占领上海，以2个师团从杭州湾登陆，然后两路会攻南京；另以1个师团在华南作战。对华作战兵力共14个师团近20万人。"七七事变"爆发前，北平的东、北、西三面皆为日军及伪军控制，仅西南一角为中国驻军宋哲元部第二十九军驻防。位于平汉路上的卢沟桥，是北平通往内地的唯一门户，成为日军南下的军事突破点。

1937年7月7日夜间，驻扎丰台的日军一部在卢沟桥附近举行"军事演习"，向中国驻军寻衅，并以一名士兵失踪为借口，要求进宛平县城搜查。日方的无理要求遭到中国地方政府的拒绝。当交涉还在进行时，日军即向卢沟桥一带的中国军队发动进攻，并炮轰宛平县城，挑起了全面侵华战争。中国驻军第二十九军37师何基沣旅219团奋起抵抗。旅长何基沣、团长吉星文亲赴前线指挥作战，下令坚守阵地，坚决回击。广大官兵英勇杀敌，全歼进攻卢沟桥的日军100多人，驻守在卢沟桥北面的一连战士，与敌英勇拼搏，最后只剩下4人，其余均为国捐躯。这就是历史上有名的"七七事变"，也叫卢沟桥事变。

事变发生的第二天，即7月8日，中共中央便通电全国，疾呼："平津危急！华北危急！中华民族危急！只有全民族实行抗战才是我们的出路！"中共要求南京政府立即动员军队准备抗战，要求全国人民全力援助神圣的抗日自卫战争。号召全中国同胞、政府和军队团结起来，筑成民族统一战线的坚固长城，国共两党亲密合作，抵抗日寇的新一轮进攻。在共产党的抗日号召下，抗日救亡运动风起云涌。全国人民及海外侨胞纷纷起来，组织了募捐团、慰劳队、宣传队、战地服务团，开展了广泛的抗战前活动。

"七七事变"拉开了全国抗日战争的序幕，同时也从根本上促成了抗日民族统一战线的建立。

南京大屠杀

日军占领上海后,即向南京进攻。一部向沪宁路进攻,并派出一个师团在自茆口登陆,先后攻占嘉兴、常熟、常州,直取南京正面,并于12月初攻占江阴要塞。另一部日军则向沪杭路和南京杭州公路前进,连陷嘉兴、吴兴、长兴、宜兴、取溧水、句容,袭南京之背。日军并从长兴、广德西进,占宣城、芜湖,完成了对南京的包围。12日晚,南京守军15万人,按蒋介石的命令撤退,12月13日,南京失陷。

日军占南京后,随即开始了长达6周的血腥大屠杀。首先对未撤出城内的中国军队和"安全区"内的难民进行屠杀。17日,日军在南京举行"胜利入战式",司令官松井石根带领侵略军踏着成千上万中国人的尸体和血迹进城。日军杀人放火、奸淫抢夺,以炫耀其所谓的武士道精神。屠杀不分昼夜。据战后远东国际军事法庭调查,在大屠杀中死于非命的中国军民竟达35万以上。屠杀的手段令人发指,除使用现代化武器外,还采用各种野蛮残忍的杀人方法:砍头、劈

南京大屠杀

被枪杀的无辜百姓

身、切股、挖心、火烧、分尸、集体活埋、杀人竞赛、挑刺孕妇腹中胎儿，等等。同时还丧心病狂地奸淫妇女，并大规模地抢劫，有计划地破坏，甚至挨门逐户索取财物，之后将房屋付之一炬。日本法西斯的暴行正如德国驻华使

被日军活埋的百姓

馆给本国的密电中所说："犯罪的不是这个日本人或那个日本人，而是整个日本皇军……它是一架正在开动的野兽机器。"

南京大屠杀是日本帝国主义在中国犯下的滔天罪行，其罪之大，其形之丑，无以描述。也充分暴露了日本法西斯极端疯狂性和野蛮性。日本法西斯的罪行，不但没有吓倒中国人民，反而更加激起中国人民同仇敌忾，抗战到底的决心。

皖南事变

国民党第一次反共高潮被粉碎后，蒋介石将其反共活动的重点由华北转移到华中，由八路军转向新四军，于1941年1月制造了震惊中外的皖南事变。

皖南事变是国民党顽固派为消灭新四军而蓄意制造的重大阴谋事件。1940年春，国民党就加紧制造华中地区的摩擦事件，妄图截断华中新四军

与华北八路军的联系,然后分割包围聚歼,并制订了三路围攻新四军的计划。7月,国民党提出一个取消陕甘宁地区,限制八路军、新四军发展的所谓"中央揭示案",成为第二次反共高潮的先声。10月19日,国民政府军事委员会正副参谋总长何应钦、白崇禧发出致朱德、彭德怀、叶挺的"皓电",诬蔑中国共产党领导的武装力量,将国民党"中央揭示案"以最后决定形式通知共产党,要求八路军、新四军于一个月内全部开赴黄河以北。随即制定了"围剿"新四军的方案。蒋介石密令汤恩伯、李品仙等部30万大军准备进攻新四军,同时将包围陕甘宁边区的军队增至20万。11月9日,朱、彭、叶、项复电何、白(即"佳电"),据实驳斥"皓电"的反共诬蔑和无理要求,同时表示,为顾全大局,坚持团结抗战,新四军驻南部队将开赴长江以北。12月7日,国民党军令部拟订的《黄河以南剿灭共军作战计划》,下达有关部队执行,令第三战区所部兵力于1941年1月底以前"肃清"江南新四军,然后分兵"肃清"苏北的八路军和新四军。12月8日,向白复朱、彭、叶、项"齐电",仍要求黄河以南的八路军、新四军在1月底前转移到黄河以北。

1941年1月4日,新四军军部及所属皖南部队9000余人,遵照国民党军事当局的命令并经中共中央同意,移师北上,6月行至泾县茂林地区,突然遭到预先埋伏的国民党军七个师8万余人的包围袭击。在双方兵力悬殊的情况下,新四军英勇拼杀,血战7昼夜,终因弹尽粮绝,除2000余人突围外,大部被俘、失散或牺牲。军长叶挺在前线和国民党谈判时被扣押,政治部主任袁国平牺牲,副军长项英、参谋长周子昆也被杀害。17日,蒋以国民政府军委会议,逼令宣布新四军为"叛军",取消新四军番号,将叶挺交付"军体审判"。这就是震惊中外的皖南事变,第二次反共高潮达到顶点。

皖南事变发生后,共产党对国民党的反共行径进行了坚决斗争。

中国共产党的整风运动

自遵义会议以来,党的工作取得了伟大的成绩。但是,对于历次"左"右"倾机会主义错误,特别是对王明为代表的"左"倾教条主义的错误,还没有来得及从思想上彻底清算。主观主义、宗派主义等不良风气在党内依然存在,妨碍着党的团结、统一和战斗力。为了提高全党的马克思列宁主义理论水平,更好地领导人民战胜困难,争取抗战胜利,从1942年春开始,中国共产党在全党范围内展开了一次整风运动。

1941年5月,毛泽东在延安高级干部会议上做《改造我们的学习》的报告,深刻地论述了马克思列宁主义原理同中国革命具体实践相结合的原则,批判了主观主义的作风。同年9月,中共中央决定成立中央学习研究组,毛泽东任组长,王稼祥任副组长,组织全党高级干部学习马克思列宁主义的理论,这是整风运动的第一阶段。整风运动的第二阶段是全党的整风。1942年2月1日,毛泽东在中央党校做了《整顿党的作风》的报告,同月8日,在延安干部会议上做了《反对党八股》的报告。这些报告,为全党开展整风运动做好了思想上的动员和准备。6月8日,中共中央宣传部发出《关于在全党进行整顿三风学习运动的指示》,全党范围的整风运动正式开始了。

整风运动的主要内容是:反对主观主义以整顿党风,反对宗派主义以整顿学风,反对党八股以整顿文风。其中,又以反对主观主义以整顿学风为中心任务。

中国共产党的历史上,曾在一个相当长的时间内为主观主义所统治。党内反复出现的"左右"倾机会主义错误,从思想根源上来说都是主观主义。主观主义表现形式有两种,一种是政策主义,一种是经验主义。教条主义把马列经典著作中的个别词句,当作包医百病的灵丹圣药,生搬硬套,奉为教条;经验主义则轻视理论,把狭隘的局部经验当作普遍的真理。主观主义"是共产党的大敌""是党性不纯的一种表现""大敌当前,

我们有打倒它的必要"。

宗派主义是主观主义在组织关系上的一种表现。它妨碍党内的统一和团结，也妨碍党团结全国人民的事业，危害甚大，为了建设一个集中和统一的党，就必须要加强党的观念，坚持无产阶级思想的领导和严肃的民主集中制，清除宗派主义和一切无原则的派别斗争。只有"铲除这两方面的祸根，才能使党在团结全党同志和团结人民的伟大事业中畅行无阻"。

党八股是主观主义和宗派主义的表现形式和宣传工具。其主要特征是脱离实际，脱离群众，装腔作势，言之无物，现象罗列，无的放矢。如果任其发展，就会"流毒全党，妨碍革命""传播革命""传播出去，祸国殃民"。因此，"必须抛弃党八股，采取生动活泼新鲜有力的马克思列宁主义的文风"。

整风运动的方针是："惩前毖后，治病救人。"即通过"团结—批评—团结"，达到既要弄清思想，又要团结同志这样两个目的。这一方针，是党吸取了历史的经验教训，是加强党的思想建设和党内斗争的正确指导原则。

在全党整风的同时，解放区的文艺界也开展了整风运动。1942年5月，中共中央宣传部在延安杨家岭召开了文艺座谈会，毛泽东发表了《在延安文艺座谈会上的讲话》。从理论上解决了文艺为什么人服务和怎样服务这样一个根本问题，指导和促进了当时文艺界的整风运动。

在全党普遍开展整风运动的基础上，党中央组织党的高级干部，进一步深入讨论了党的历史问题。1945年4月，党的六届七中全会上通过了《关于若干历史问题的决议》，充分肯定了党领导中国革命所取得的伟大成绩和经验，高度评价了毛泽东运用马列主义的理论和方法解决中国革命问题的杰出贡献。彻底清算了王明的"左"倾错误，对党的历史问题做了全面的、实事求是的结论。至此，全党的整风运动胜利结束。

整风运动具有伟大的历史意义。它是一次全党范围的普遍的马克思主义教育运动，是打破主观主义，特别是打破教条主义束缚的伟大的思想解放运动。通过整风运动，提高了全党的马克思列宁主义的思想水平，发扬了党的实事求是、群众路线以及批评与自我批评的优良作风，使全党在马克思列宁主义、毛泽东思想的基础上达到了空前的团结和统一，为战胜严重困难，争取抗日战争的胜利和民主革命在全国的胜利，奠定了坚实的思想基础。

抗日战争的最后胜利

在中国人民和世界反法西斯力量的共同打击下，日本开始走向最后的衰亡。

1945年5月8日，德国无条件投降，欧洲反法西斯战争胜利结束。日本帝国主义预料到自己末日的到来，开始在中国收缩战线，撤回了湖南、广西、江西各省特别是湘桂、粤汉两铁路沿线的部分兵力，移用于华中、华北沿海地区。同时又向日本国内和中国东北造反人员和移近兵团，准备实行"阻拦华南，决战华中，退守华北，死守东北"的作战计划。

在世界反法西斯战争胜利发展的形势下，解放区军民从1945年5月开始，对日寇发动了大规模的夏季攻势，进一步消耗了日寇的有生力量。抗日大反攻的形势已经到来。

7月26日，中、美、英三国发表了促令日本投降的《波茨坦公告》。但是，日本法西斯执迷不悟，拒绝接受《波茨坦公告》，准备进行最后的本土决战。8月8日夜，苏联对日宣战，并出兵我国东北。毛泽东于8月9日发表了《对日寇最后一战》的声明，指出"对日战争已处于最后阶段""八路军、新四军及其他人民军队，应在一切可能条件下，对于一切不愿投降的侵略者及其走狗实行广泛的进攻"。8月10日和11日，朱德总司令的解放区所有武装部队发布了七道命令，要求各解放区所有武装

部队立即发起大反攻,向敌人发出最后通牒,限期缴械投降,如遇顽抗,"即应予以坚决消灭",于是,各解放区军民迅速向日军发起了全面的大反攻。

而此前,美国于8月6日和9日,分别在日本的广岛和长崎投下一枚原子弹,炸死日本居民35万余人,严重破坏了两座工业城市,对迫使日本无条件投降起了重要作用。

遵照朱总司令的命令,我冀热辽部队迅速挺进东北,和东北抗日联军游击队一起,积极配合苏军作战,收复了东北地区的广大国土。晋察冀部队攻占了张家口、山海关、秦皇岛,解放了察哈尔全省,包围了北平、天津、保定等大城市。晋绥部队攻占了归绥、太原等重要据点,解放了绥辽、山西两省的广大地区。晋冀鲁豫部队解放了黄河沿岸广大地区。山东部队解放了山东省绝大部分地区。华中部队向沪宁、沪杭角、浙赣、淮南和津浦路南段、陇海路东段进攻,直逼上海、南京。华南抗日纵队向广九、潮汕进攻,直逼广州、汕头。从8月11日到10月10日,我各路反攻大军,经过激烈的战斗,毙伤俘日伪军23万余人,收复城市197座,收复国土31500平方千米,解放人口1800余万。

在正面战场上,当日军收缩兵力之际,国民党军队乘势发动进攻。1945年5月27日,国民党军收复南宁,6月29日收复柳州,7月28日收复桂林,进展700余千米。与此同时,国民党军还收复了福建、浙江、江西等地区。

在这种反攻形势下,日本被迫投降。8月10日,日本通过瑞士和瑞典两个中立国。向中、美、英、苏发出"乞降照会"。8月14日,日本天皇裕仁决定接受《波茨坦公告》,无条件投降。9月2日,在东京湾美舰"密苏里号"上,日外相重光葵、参谋总长梅津美治郎代表日本,在美、英、中、苏等同盟国代表面前正式签署了解除武装、履约《波茨坦公告》的无条件投降书。9月9日,侵华日军最高指挥官、陆军大将冈村宁次在南京向中国政府代表陆军总司令何应钦签署了无条件投降书。至此,中国人民

经过八年的艰苦抗战，终于赢得了最后的伟大胜利。

中国人民的抗日战争是中国近代历史上最伟大的民族解放战争，也是近百年来中国人民无数次反帝斗争中第一次取得完全胜利的战争。它是世界反法西斯战争的重要组成部分，对世界反法西斯战争的进程和结局都有着重大影响，为夺取世界反法西斯战争的最后胜利做出了巨大贡献。

重庆谈判

抗日战争胜利结束后，蒋介石开始制定打内战的方针，但发动内战还需要时间准备。同时，由于国内外人民普遍要求和平，反对内战的呼声和压力以及中国人民革命力量的空前强大，他要立刻发动内战还有困难。于是，在美国煽动下，蒋于1945年8月14日、20日、23日，三次电邀毛泽东赴重庆谈判，"商谈建国大计"。蒋的算盘是：如果毛泽东不去，就可以宣布中国共产党不要和平，不要团结，并把发动内战的责任推到中国共产党身上；如果毛泽东去了，就利用谈判来诱骗中国共产党交出军队，取消解放区政权，以达到消灭革命力量的目的。同时还可以利用谈判，争取时间，加紧内战准备。

中国共产党对蒋介石和"和谈"阴谋是洞悉的。但是，为了尽一切可能争取和

1945年，蒋中正、毛泽东和美国外交官帕特里克·杰伊·赫尔利在重庆展开和平谈判

平民主，实现人民"休养生息，重建家园"的迫切愿望，竭尽全力寻求避免内战挽救和平的道路；也为了揭露美蒋的阴谋，团结教育人民，争取中间势力，决定派毛泽东等赴渝与国民党谈判。26日，中共中央向党内发出《关于同国民党进行和平谈判的通知》，告诉全党，毛泽东将应蒋介石电邀赴渝同国民党当局谈判，说明中共中央的谈判方针，要求全党绝对不要因为谈判而放松对蒋介石的警惕和斗争。

8月28日，毛泽东偕周恩来、王若飞，在前来迎接的国民政府军委会政治部部长张治中、美国驻华大使赫尔利陪同下乘飞机抵渝。抵渝后，毛泽东同蒋介石先进行了几次面商，随即由双方代表开始了具体的谈判。由于毛泽东来到重庆已出乎蒋介石的预料，所以蒋介石方面对谈判准备不足，一切方案均由共产党提出，国民党的谈判代表只是应付。

最终经过40多天的谈判，由于中共的努力，于10月10日，由中共代表周恩来、王若飞和国民党代表王世杰、张群、张治中、邵力子共同签署了《政府与中共代表会谈纪要》(即《双十协定》)。列入《纪要》的共12个问题，有的达成了协议，有的各自表述自己的意见，未获协议，同意以后继续商谈。这次谈判的主要成果是：一是确定了和平建国的基本方针和途径，即"必须共同努力，以和平、民主、团结统一为基础""长期合作，坚决避免内战，建设独立、自由和富强的新中国，彻底实行三民主义"。二是确认国民党应"迅速结束训政，实施宪政，并应先采必要步骤，由国民党召开政协会议，邀集各党派代表及社会贤达协商国事，讨论和平建国方案及召开国民大会各项问题"。谈判中争论最多的是解放区的军队和政权问题。在这两个问题上尽管中共做出重大让步，主动提出过几种解决方案，但由于国民党坚持"你多出军队，我给你民主"的一贯方针，未能达成协议。

10月11日，毛泽东胜利返回延安。17日，毛泽东在延安干部会议上做了《关于重庆谈判》的报告，总结了谈判的收获与经验。指出："这次谈判是有收获的。"它迫使"国民党承认了和平团结的方针和人民的某些民

主权利,承认了避免内战,两党和平合作建设新中国"。如果"国民党再发动内战,他们就在全国和全世界面前输了理,我们就更有理由采取自卫战争,粉碎他们的进攻"。但毛泽东强调说,已经达成的协议,还仅仅是纸上的东西,要把纸上的协议变成现实的东西,还要经过很大的努力。"我们的任务就是坚持这个协定,要国民党兑现,继续争取和平。如果他们要打,就把他们彻底消灭。"

重庆谈判表明了中国共产党寻求和平的真诚愿望,揭露了国民党制造共产党不要和平、不要团结的谣言,迫使国民党承认了和平建国方针,取得了国内外舆论和中间阶层的广泛同情,是中国共产党在政治上取得的一个重大胜利。

中国历史朝代公元纪年对照表

朝代			起讫年代	都城	今地	开国皇帝
三皇五帝						
夏朝			约前2070—前1600年	安邑	山西夏县	禹
商朝			约前1600—1046年	亳	河南商丘	汤
周	西周		约前1046—前771年	镐京	陕西西安	周武王姬发
	东周	春秋	前770—前476年	洛邑	河南洛阳	周平王姬宜臼
		战国	前475—前221年			
秦朝			前221—前206年	咸阳	陕西咸阳	始皇帝嬴政
汉	西汉		前206—公元25年	长安	陕西西安	汉高祖刘邦
	新朝		9—23年			王莽
	东汉		25—220年	洛阳	河南洛阳	汉光武帝刘秀
三国	曹魏		220—265年	洛阳	河南洛阳	魏文帝曹丕
	蜀汉		221—263年	成都	四川成都	汉昭烈帝刘备
	孙吴		222—280年	建业	江苏南京	吴大帝孙权
晋	西晋		265—317	洛阳	河南洛阳	晋武帝司马炎
	东晋		317—420	建康	江苏南京	晋元帝司马睿
十六国 304—439	前赵(汉赵)		304—318	平阳	山西临汾	高祖光文皇帝刘渊
			319—329	长安	陕西西安	
	成汉		304—347	成都	四川成都	太宗武皇帝李雄
	前凉		320—376	姑臧	甘肃武威	高祖明王张寔
	后赵		319—351	襄国	河北邢台	高祖明皇帝石勒
	前燕		337—370	龙城	辽宁朝阳	太祖文明皇帝慕容皝
	前秦		351—394	长安	陕西西安	世宗明皇帝苻健
	后秦		384—417	长安	陕西西安	太祖武昭皇帝姚苌
	后燕		384—409	中山	河北定州	世祖成武皇帝慕容垂
	西秦		385—431	苑川	甘肃榆中	烈祖宣烈王乞伏国仁
	后凉		386—403	略阳	甘肃平凉	太祖懿武皇帝吕光
	南凉		397—414	西平	青海西宁	烈祖武王拓跋乌孤
	南燕		398—410	广固	山东益都	世宗献武皇帝慕容德
	西凉		400—421	酒泉	甘肃酒泉	太祖昭武王李暠
	胡夏		407—431	统万城	陕西靖边	世祖烈武皇帝赫连勃勃
	北燕		409—436	和龙	辽宁朝阳	惠懿帝高云
	北凉		401—439	张掖	甘肃张掖	太祖武宣王沮渠蒙逊
	冉魏		350—352	邺城	河北临漳	汉人冉闵
	西燕		384—394	长子	山西长子	鲜卑族慕容泓
	西蜀(后蜀)		405—413	成都	四川成都	汉人谯纵

朝代			起讫年代	都城	今地	开国皇帝
南北朝 420—589	南朝	宋	420—479	建康	江苏南京	宋武帝刘裕
		齐	479—502	建康	江苏南京	齐高帝萧道成
		梁	502—557	建康	江苏南京	梁武帝萧衍
		陈	557—589	建康	江苏南京	陈武帝陈霸先
	北朝	北魏	386—534	平城	山西大同	魏道武帝拓跋珪
				洛阳	河南洛阳	
		东魏	534—550	邺	河北临漳	魏孝静帝元善见
		西魏	535—556	长安	陕西西安	魏文帝元宝炬
		北齐	550—577	邺	河北临漳	齐文宣帝高洋
		北周	557—581	长安	陕西西安	周孝闵帝宇文觉
隋朝			581—618	大兴	陕西西安	隋文帝杨坚
唐朝			618—907	长安	陕西西安	唐高祖李渊
五代十国		后梁	907—923	汴	河南开封	梁太祖朱晃
		后唐	923—936	洛阳	河南洛阳	唐庄宗李存勖
		后晋	936—947	汴	河南开封	晋高祖石敬瑭
		后汉	947—950	汴	河南开封	汉高祖刘暠
		后周	951—960	汴	河南开封	周太祖郭威
		前蜀	891—925	成都	四川成都	高祖王建
		后蜀	925—965	成都	四川成都	高祖孟知祥
		杨吴	892—937	广陵	江苏扬州	太祖杨行密
		南唐	937—975	金陵	江苏南京	烈祖李昪
		吴越	893—978	杭州	浙江杭州	太祖钱镠
		闽国	893—945	长乐	福建福州	太祖王审知
		南楚	896—951	长沙	湖南长沙	武穆王马殷
		南汉	905—971	兴王府	广东广州	高祖刘䶮
		南平	907—963	江陵	湖北荆州	武信王高季兴
		北汉	951—979	太原	山西太原	世祖刘崇
宋		北宋	960—1127	汴梁	河南开封	宋太祖赵匡胤
		南宋	1127—1279	临安	浙江临安	宋高宗赵构
辽国			907—1125	皇都	辽宁	太祖耶律阿保机
大理			937—1254	太和城	云南大理	太祖段思平
西夏			1038—1227	兴庆府	宁夏银川	景帝李元昊
金国			1115—1234	会宁	阿城(黑)	金太祖完颜阿骨打
				中都	北京	
				开封	河南开封	
元朝			1206—1368	大都	北京	太祖孛儿只斤·铁木真
明朝			1368—1644	应天府	南京	明太祖朱元璋
				顺天府	北京	
清朝			1616—1911	赫图阿拉	辽宁新宾	太祖爱新觉罗·努尔哈赤
				盛京	沈阳	
				北京	北京	
中华民国			1912—1949	南京	南京	

附录：大事表

一、原始社会（约170万年前到约公元前21世纪）

约170万年前　元谋人生活在云南元谋一带

约20—70万年前　北京人生活在北京周口店一带

约1.8万年前　山顶洞人开始氏族公社的生活

约0.5—0.7万年前　河姆渡、半坡母系氏族公社

约0.4—0.5万年前　大汶口文化中晚期，父系氏族公社

约4000多年前　传说中的炎帝、黄帝、尧、舜、禹时期

二、奴隶社会（公元前2070年到公元前476年）

夏　公元前2070年到公元前1600年

公元前2070年　禹传予启，夏朝建立

商　公元前1600年到公元前1046年

公元前1600年　商汤灭夏，商朝建立

公元前1300年　商王盘庚迁都殷

西周　公元前1046年到公元前771年

公元前1046年　周武王灭商，西周开始

公元前841年　国人暴动

公元前771年　犬戎攻入镐京，西周结束

春秋　公元前770年到公元前476年

公元前770年　周平王迁都洛邑，东周开始

三、封建社会（公元前475年到公元1840年）

战国（公元前475年到公元前221年）

公元前356年　商鞅开始变法

秦（公元前221年到公元前206年）

公元前221年　秦统一，秦始皇确立郡县制，统一货币、度量衡和文字

公元前209年　陈胜、吴广起义爆发

公元前207年　巨鹿之战

公元前206年　刘邦攻入咸阳，秦亡

公元前206年—公元前202年　楚汉之争

西汉（公元前202年到公元8年）

公元前202年　西汉建立

公元前138年　张骞第一次出使西域

公元8年　王莽夺取西汉政权，改国号新

东汉（25年到220年）

25年　东汉建立

73年　班超出使西域

105年　蔡伦改进造纸术

132年　张衡发明地动仪

166年　大秦王安敦派使臣到中国

184年　张角领导黄巾起义

200年　官渡之战

208年　赤壁之战

三国（220年到280年）

220年　魏国建立

221年　蜀国建立

222年　吴国建立

230年　吴派卫温等率军队到台湾

263 年　魏灭蜀

265 年　西晋建立，魏亡

西晋（265 年到 316 年）

280 年　东晋灭吴

316 年　匈奴攻占长安，西晋结束

东晋（317 年到 420 年）

317 年　东晋建立

383 年　淝水之战

南北朝（420 年到 589 年）

420 年　南朝宋建立

494 年年到　北魏孝文帝迁都洛阳

隋（581 年到 618）

581 年　隋朝建立

589 年　隋统一南北方

605 年　开始开通大运河

611 年　隋末农民起义开始，山东长白山农民起义爆发

唐（618 年到 907 年）

618 年　唐朝建立，隋朝灭亡

627 年—649 年　贞观之治

713 年—741 年　开元盛世

755 年—763 年　安史之乱

875 年—884 年　唐末农民战争

五代（907 年到 960 年）

907 年　后梁建立，唐亡，五代开始

916 年　阿保机建立契丹国

北宋（960 年到 1127 年）

960 年　北宋建立

1005年　宋、辽澶渊之盟

1038年　元昊建立西夏

11世纪中期　毕升发明活字印刷术

1069年　王安石开始变法

1115年　阿骨打建立金

1125年　金灭辽

南宋（1127年到1276年）

1127年　金灭北宋，南宋开始

1140年　宋、金郾城大战

1206年　成吉思汗建立蒙古政权

元（1271年到1368年）

1271年　忽必烈定国号元

1276年　元灭南宋

明（1368年到1644年）

1368年　明朝建立，元朝结束

1405年—1433年　郑和七次下西洋

16世纪中期　戚继光抗日倭

1553年　葡萄牙攫取澳门居住权

1616年　努尔哈赤建立后金

1628年　明末农民战争爆发

清（1636年到1911年）

1636年　后金改国号为清

1644年　李自成建立大顺政权，农民军攻占北京，明亡

1662年　郑成功收复台湾

1673年　三藩叛乱开始

1684年　清朝设置台湾府

1689年　中俄签订《尼布楚条约》

1771 年　土尔扈特部重返祖国

1839 年　林则徐虎门销烟

1840 年—1842 年　鸦片战争

1842 年　中英《南京条约》签订

19 世纪四五十年代　中国无产阶级产生

1851 年　金田起义、太平天国建立

1856 年–1860 年　第二次鸦片战争

1858 年　《瑷珲条约》《天津条约》的签订

19 世纪六七十年代　中国民族资产阶级产生

1860 年　《北京条约》的签订

19 世纪 60 到 90 年代　洋务运动

1864 年　天京陷落、太平天国运动失败

1883 年—1885 年　中法战争

1894 年—1895 年　甲午中日战争

1895 年　中日《马关条约》签订

19 世纪 90 年代　帝国主义在中国强占"租借地"划分"势力范围"

1898 年　戊戌变法

1900 年　义和团运动高潮，八国联军侵略中国

1901 年　《辛丑条约》签订

1905 年　中国同盟会成立

1911 年　黄花岗起义、保路运动、武昌起义

四、近代

1912 年　"中华民国"建立

1913 年　二次革命

1915 年　新文化运动、护国运动开始

1916 年　袁世凯恢复帝制失败

1919年　五四运动爆发
1921年　中国共产党成立
1923年　京汉铁路工人大罢工
1925年　五卅惨案、五卅反帝运动爆发
1926年　国民革命军出师北伐
1927年　南京国民政府建立，南昌起义
1928年　井冈山会师
1931年　九·一八事变
1934年　红军长征开始
1936年　西安事变
1937年　卢沟桥事变，日军南京大屠杀
1940年　百团大战
1941年　皖南事变
1947年　发动"反饥饿、反内战、反迫害"的爱国运动